正定城墙东城门（4号山）遗址保护工程
考古勘察报告

河北省文物考古研究院　编著
陈　伟　佘俊英　执笔

文物出版社

图书在版编目（CIP）数据

正定城墙东城门（4号山）遗址保护工程考古勘察报告 / 河北省文物考古研究院编著. -- 北京：文物出版社，2020.12

ISBN 978-7-5010-6802-9

Ⅰ. ①正… Ⅱ. ①河… Ⅲ. ①城墙－文化遗址－考古发掘－发掘报告－正定县 Ⅳ. ①K878.35

中国版本图书馆CIP数据核字(2020)第171578号

正定城墙东城门（4号山）遗址保护工程考古勘察报告

编　　著：河北省文物考古研究院

封面设计：程星涛
责任编辑：窦旭耀
责任印制：苏　林

出版发行：文物出版社有限公司
社　　址：北京市东直门内北小街2号楼
邮　　编：100007
网　　址：http://www.wenwu.com
邮　　箱：web@wenwu.com
经　　销：新华书店
印　　刷：北京荣宝艺品印刷有限公司
开　　本：787mm×1092mm　1/8
印　　张：34
版　　次：2020年12月第1版
印　　次：2020年12月第1次印刷
书　　号：ISBN 978-7-5010-6802-9
定　　价：580.00元

目 录

插图目录

实测图目录

图版目录

第一章　地理位置与历史沿革

第一节　地理位置

1. 正定县地理位置

正定县隶属河北省石家庄市，地处太行山东麓滹沱河北岸，东依藁城区，南接新华区和长安区，西邻鹿泉区和灵寿县，北靠新乐市和行唐县，面积486平方公里。正定县南与石家庄市市区相接，东距黄骅港300公里，西距太原160公里，北距北京258公里，距天津新港350公里，交通发达。

正定县地势西北高，东南低，位于山前冲洪积扇的中上部，为山前倾斜平原。县境有滹沱河、周汉河、磁河、木刀沟等四条较大河流，除周汉河发源于境内外，其余均为过境河流。

2. 东城门（4号山）遗址地理位置

东城门（4号山）遗址位于正定县东门里村东，中山东路东端，卫前路北侧，西距全国重点文物保护单位隆兴寺360米。地理坐标为北纬38°08′25.96″，东经114°34′56.50″。南距南城门1.91公里，西距西城门2.34公里，北距北城门2.05公里（图1-1）。

第二节　历史沿革

1. 正定县历史沿革

正定县历史悠久，早在六七千年前的仰韶文化时期就有人类在此居住[1]。自北魏至清末，正定一直是郡、州、路、府治所。

春秋时为鲜虞国。战国时为东垣邑，属中山国，后属赵。秦置东垣县，属钜鹿郡。

西汉时改东垣县为真定县，属恒山郡，后避文帝讳，改为常山郡。武帝时分常山郡北部置真定国，辖真定、藁城、肥垒、绵曼四县。王莽始建国二年（公元10年），改真定为思治。东汉初复为真定，光武帝建武十三年（公元37年），废真定国，将真定县划归常山国。

三国时，真定县属魏国常山郡。西晋时，常山郡治所由元氏移至真定（今石家庄市东古城村）。北魏皇始三年（公元398年），道武帝将常山郡治所迁至安乐垒。

[1]　目前正定县境内发现的仰韶文化时期遗址有正定西洋遗址、正定南杨庄遗址等。

图 1-1　东城门（4号山）遗址地理位置卫星影像图

隋开皇三年（公元 583 年），废常山郡，存恒州、真定县；开皇十六年（公元 596 年），将真定县分为真定县、常山县，属恒州。大业元年（公元 605 年），改恒州为恒山郡，废常山县，并入真定县。

唐武德元年（公元 618 年），改恒山郡为恒州，治石邑，四年（公元 621 年）徙恒州治所于真定。载初元年（公元 689 年），改真定县为中山县。神龙元年（公元 705 年），复为真定县。天宝元年（公元 742 年），废恒州为常山郡，治真定县。乾元元年（公元 758 年），复置恒州，治真定县。宝应元年（公元 762 年），置成德军于恒州。元和十五年（公元 820 年），避穆宗讳，改恒州为镇州。

五代后梁时仍为镇州，治真定县。后唐同光元年（公元 923 年），以镇州为真定府，建北都，同年真定府又复为镇州；长兴三年（公元 932 年），改镇州为真定府，后复为镇州。后晋天福七年（公元 942 年），改镇州为恒州，改成德军为顺国军。后汉天福十二年（公元 947 年），改恒州为镇州，顺国军复为成德军；乾祐元年（公元 948 年），改镇州为真定府。后周广顺元年（公元 951 年），改真定府为镇州。

宋雍熙四年（公元 987 年），河北路分为河北东、西两路，河北西路治真定。端拱二年（公元 989 年），河北东、西路合并为河北路。庆历八年（公元 1048 年），废镇州置真定府，领真定县。熙宁六年（公元 1073 年），复置河北东、西路，河北西路治真定。金袭之。蒙古太宗元年（公元 1229 年），改真定府为真定路，领真定县。

明洪武元年（公元 1368 年），改真定路为真定府，领真定县。

清顺治元年（公元 1644 年），属直隶省真定府；顺治十三年（公元 1656 年），置保定巡抚，领真定府、真定县；顺治十七年（公元 1660 年），直隶巡抚复治真定。康熙八年（公元 1669 年），直隶巡抚移驻保定。雍正元年（公元 1723 年），避世宗讳，改真定府、真定县为正定府、正定县。

民国元年（公元 1912 年），正定县属正定府。民国二年（公元 1913 年），废府存县，正定县属直隶省范阳道观察使署，治保定。民国十七年（公元 1928 年），直隶省改为河北省，正定县直隶于省。1947 年 4 月，人民解放军解放正定县城，城内为正定市，西北部农村为正定县。1947 年 11 月，正定市改为县瞎市。1949 年 6 月，撤销正定市，改为正定县城关区。1949 年 8 月，正定县属石门专区。1986 年 4 月，正定县由石家庄地区划归石家庄市。

2. 正定城垣历史沿革

正定地处要害，素为兵家必争之地，历朝历代对正定城垣的兴建与维护显得尤为重要。自魏晋南北朝以来，直至明清时期，历代统治者对城垣进行了规模不等的修建和修缮，城垣也由最初石城变为了土城，最后成了砖城。民国时期，开辟了小北门。抗日战争和解放战争时期，四座城门受到不同程度的破坏。1967 年，因国防工事需要，东城门被筑于工事之下。后来，因城市建设发展需要，其他三座城垣也被利用，城垣断断续续，残存 8106 米[1]。

北周时期

北周时期，正定为周长十五里的石砌城垣，清光绪元年《正定县志》：“晋移常山郡城于此，后魏迁郡治安乐垒，后周复治正定，俱建石城。”[2]

[1] 刘友恒、郭玲娣、樊瑞平：《正定城调查记录》（正定城墙文物档案，1996 年编制），现藏于正定县文物保管所。

[2] ［清］赵文濂：《正定县志》卷九《城池》，清光绪元年（公元 1875 年）版本，石家庄：河北人民出版社，2008 年。

唐朝时期

唐宝应二年（公元763年），滹沱河水灌城，成德军节度使李宝臣借机拓建城墙，将北周时期的石城拆掉，改为土城。《大唐清河郡王纪功载政之颂碑》："惟二年春，群吏更告公曰，滹池会流，暨于城下，天雨淫降，鸿涌泄岸，波积如阜，奔贯乃雉，胥恐为鱼，其日固久。"拓建的城池周长二十里，《读史方舆纪要》："郡旧城周二十里，唐宝应中成德帅李宝臣筑。"[1]

宋金元时期

宋元时期，依然为土城，清光绪元年《正定县志》："宋元并依旧城修葺，然非石垣。"[2]

金代，由于战争和水灾的影响，真定城多处城墙倒塌，朝廷多次进行修整，每年滹沱河北岸耗巨资修筑护城堤。元代史天泽占领真定城后，修缮加固真定城以抵御外敌，建造了高台楼橹，《元史·史天泽传》："乃缮城壁，立楼橹，为不可犯之计，招集流散，存恤困穷。"[3]

明清时期

明朝改真定路为真定府，统治者不断修缮城垣以强化军事防御能力。

各版本的正定方志均记录了明清时期正定城垣的修缮历史，其中清光绪元年《正定县志》[4]较为全面。

明正统十四年（公元1449年），都御史陆矩、御史陈金为加强城池防御，修建城墙，城墙周长二十四里，高三丈余，上宽二丈，并疏浚了护城河，但当时仍为一座土城。

明隆庆五年（公元1571年），真定知县顾绶始购砖石大修，后经知县周应中申请府库银六万余两续建，至万历四年（公元1576年）方竣工，由此土城变成了砖城。

万历十八年（公元1590年），又重修了四城门、月城及角楼。

崇祯二年（公元1629年），知府侯应琛在北月城上增建小楼，光绪年间已经坍塌。

崇祯十年（公元1637年），四门月城原来各有甬道，与里城不相连属，巡按御史李模废甬道接筑为一。

崇祯十二年（公元1639年），修补西南角城墙，太监陈镇彝将五千五十多个垛口并为二千五百四十八个。

康熙二十五年（公元1686年）、雍正六年（公元1728年）、嘉庆十六年（公元1811年）、同治七年（公元1868年），分别对城墙进行了不同规模的补修。

明清时期之后

民国九年（公元1920年），县知事华汉章经上级批准，在北门西距西北角楼不远处开辟了一个小北门，并修筑了一条土马路，直通火车站，大北门名为"永安门"，小北门被命名为"华安门"[5]。

抗日战争和解放战争期间，正定古城四座城门均受到不同程度破坏。

1947年，人民解放军解放正定县城后，为防驻石门市的国民党军队的突袭，人民政府发动群众将城墙的东、北两面拆了一些豁口。后来，有部分群众取城墙砖修房盖屋，取土填圈积肥、填房基[6]。

1967年，根据国防建设需要，修筑防御工事，将东城门整体筑入工事之中。

[1]　[清]顾祖禹：《读史方舆纪要》卷十四《北直五》，北京：中华书局，2005年。

[2]　[清]赵文濂：《正定县志》卷九《城池》，清光绪元年（公元1875年）版本，石家庄：河北人民出版社，2008年。

[3]　[明]宋濂、王祎：《元史》卷一百五十五《列传第四十二·史天泽（格）》，北京：中华书局，1976年。

[4]　[清]赵文濂：《正定县志》卷九《城池》，清光绪元年（公元1875年）版本，石家庄：河北人民出版社，2008年。明清时期城垣历史均引自此版本正定县志，特此说明。

[5]　刘友恒、郭玲娣、樊瑞平：《正定城调查记录》（正定城墙文物档案，1996年编制），现藏于正定县文物保管所。

[6]　河北省正定县地方志编纂委员会：《正定县志》，北京：中国城市出版社，1992年。

1975 年，将西城门北侧一段城墙拆除修建了常山路。此后，外贸加工厂、汽车修理厂、人民银行、正定第一中学、体育中心等单位先后坍平部分北城墙，建了厂房、教室、宿舍[1]。

随着正定城区规模的扩充，古城墙所附属的城门楼、角楼、垛口均不复存在，城墙砖也所剩无几，土筑规模尚可见到。城垣断断续续，残存 8106 米。

[1]　河北省正定县地方志编纂委员会：《正定县志》，北京：中国城市出版社，1992 年。

第二章　遗址概况与工作历程

第一节 遗址概况

东城门是正定城墙的重要组成部分，明正统十四年（公元1449年），修筑了周长二十四里、高三丈余、上宽二丈的土城墙，清光绪元年《正定县志》记载："门四各有月城，建楼，东曰迎旭，今改环翠，南曰长乐，西曰镇远，北曰永乐，四隅仍各建楼。"[1] 东城门设置里城、瓮城、月城三道城垣，设置了城门楼，城角设四角楼，墙体外立面设有马面，城墙外有护城河环绕，形制完备，规模宏大。其中瓮城城门设在南侧，与内城门形成90° 夹角，月城门与内城门不在一条垂直线上，形成了易守难攻的防御体系。东城门内城门和瓮城门分别嵌有"光含瀛海"和"含翠"匾额。内城门上建有高大雄伟的城楼。内墙四周还筑有暗门，城墙上建有垛口、更铺、旗台。城四周各建一角楼。城墙设有炮台。

后来受历史的原因和城镇建设发展的影响，不同时期的东城门遭受到不同程度的破坏，大部分用砖被拆除。

1967年，根据国防建设的需要，东城门覆盖于修筑的国防工事之下。工事为椭圆形，外部填满青白毛石，内部为钢筋混凝土结构巷道，南北长300、东西宽150、高约30米，分布面积4.5万平方米，三侧由环山水系包围，被命名为"4号人造山"，简称"4号山"，由北京军区某部守备连驻守，是一处重要的国防军事设施。

第二节 工作历程

1993年，河北省人民政府公布正定城墙为省级文物保护单位，2013年，国务院公布正定城墙为第七批全国重点文物保护单位。2019年7月8日，河北省军区与正定县人民政府完成了4号人造山的移交。

为明确并研究东城门历史格局，并为之后开展东城门文物保护修缮工程、制订正定城墙文物保护规划提供基础性资料，经河北省文物局批准，河北省文物考古研究院（原河北省文物研究所）受正定县文化广电体育和旅游局的委托，2019年5月16日至2019年10月26日，对东城门（4号山）遗址进行了考古勘察工作。

2019年5月16日至5月20日，河北省文物考古研究院组队开始对东城门（4号山）遗址进行现场勘察，走访当地群众，搜集相关信息，同时着手查阅关于正定城墙东城门的文献资料。

2019年5月21日至7月8日，进行考古勘探工作，勘探总面积约4.5万平方米。

2019年7月9日至10月26日，根据勘探成果，适度进行考古清理，清理总面积（布设探方面积）约4900平方米。

---

[1] ［清］赵文濂：《正定县志》卷九《城池》，清光绪元年（公元1875年）版本，石家庄：河北人民出版社，2008年。

第三章　调查走访与考古勘探

第一节　调查走访

1. 走访经过

2019年5月18日至5月20日，考古队在东门里村委会协助下，邀请当地老者在村委会回忆并讨论东城门（4号山）格局及规模，之后由当地老者现场指认了东城门主城[1]、瓮城、月城大概位置，叙述了4号山军事工事巷道占压破坏东城门的情况。本次走访对象均为正定县东城门附近东门里村村民，分别为宋晓仁（85岁）、王武经（82岁）、刘锦江（81岁）、文小珠（80岁）、李秀申（79岁）、王全贵（78岁）、邢五群（68岁）（图3-1、3-2）。

2. 走访成果

经过调查走访，基本明确了正定东城门正对中山路、月城城门正对东关大街、瓮城城门向南开的格局，并且东城门形制和规模与南城门相似，是当时正定四个城门中保存最好的一座。1967年修筑国防工事之前（确切年代不详），在月城北接城门城墙与瓮城城墙连接处以北开辟了一条小路直达主城门，人们进出东城门不再经过月城城门和瓮城城门。4号山军事工事修筑时，将东城门主城门门道做为主巷道的出入口。

通过此次调查走访，基本掌握了东城门系统的格局和规模，军事工事对城门系统的利用与破坏程度，为下一步考古勘探及清理提供了重要的线索。

图3-1　走访东门里村村民宋晓仁

图3-2　走访东门里村村民邢五群

[1]　主城即清光绪元年（公元1875年）版《正定县志》中记载的里城。

第二节 考古勘探

1. 勘探经过

2019 年 5 月 21 日至 7 月 8 日，河北省文物考古研究院组队对东城门（4 号山）遗址进行考古勘探，勘探面积 4.5 万平方米（图 3–3）。

2. 勘探成果

此次勘探共发现遗迹现象 9 处，其中城墙 3 处（Q1、Q2、Q3），建筑基址 4 座（F1、F2、F3、F4），道路 2 条（L1、L2）（图 3–4）。

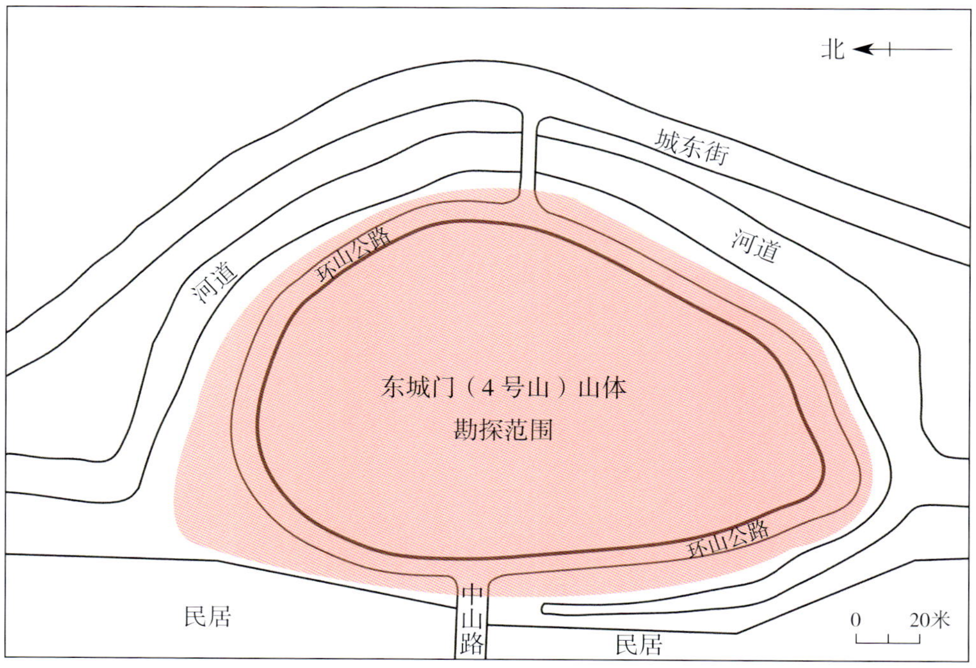

图 3–3 东城门（4 号山）遗址考古勘探范围平面图

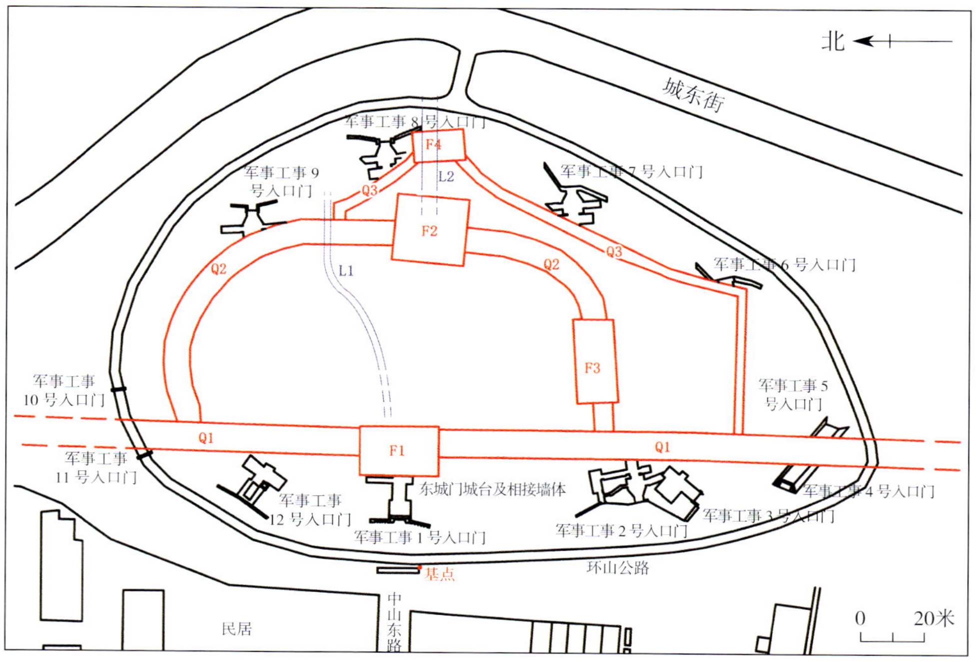

图 3–4 东城门（4 号山）遗址考古勘探遗迹总平面图

城墙

Q1：位于东城门（4 号山）遗址的西部，南北走向，南北长约 300、东西宽约 10 米，城墙两侧被毛石包裹，未勘探至底部，高度不详。发现了外包墙砖、夯土墙芯，局部残存地面铺砖。在 Q1 中部发现一处建筑基址（F1）。

地层堆积如下（图 3-5）：

第①层：表土层。灰褐色粉砂土，土质疏松，厚 0.3 米，内含草木根须。

第②层：垫土层。黄褐色粉砂土，土质较疏松，厚 2.1 米，内含白灰渣。

第③层：垫土层。黄褐色粉砂土，土质致密，厚 1.3 米，内含少量白灰渣。

第④层：夯土层。浅黄褐色粉砂土，土质坚硬，未打穿，厚度不详，内含少量白灰颗粒和黄土颗粒。

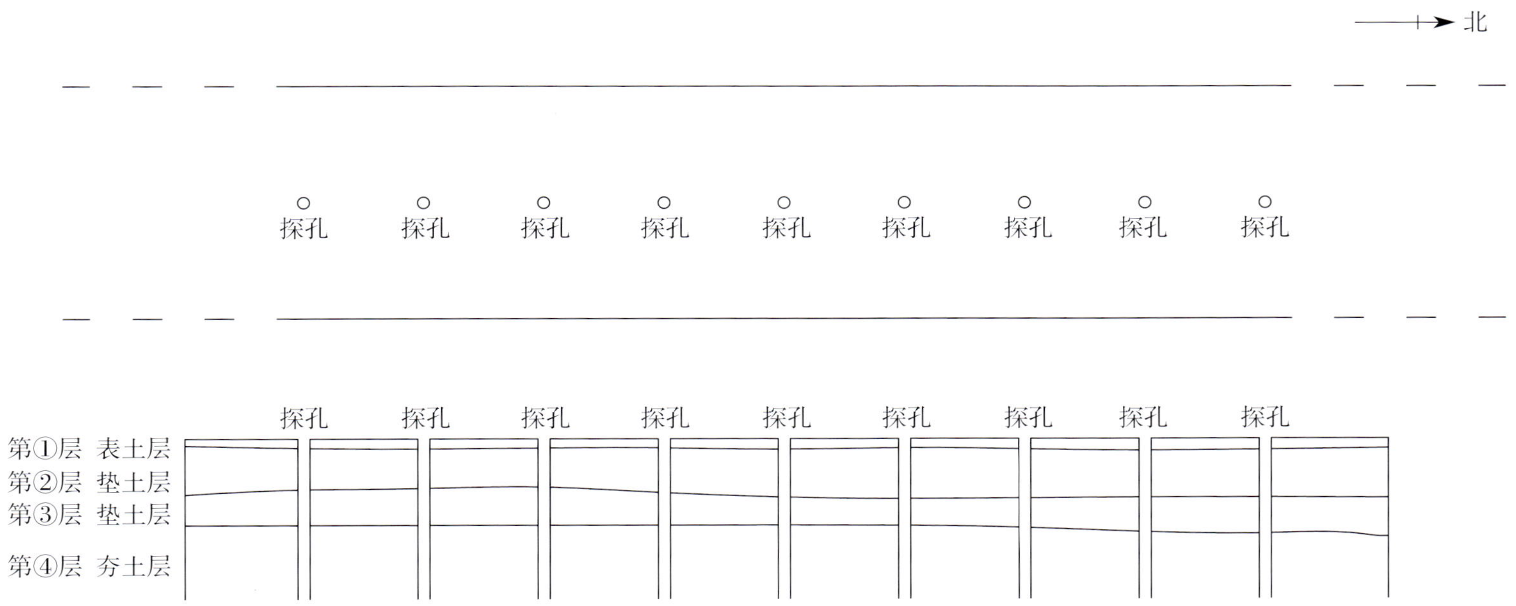

图 3-5　Q1 勘探平、剖面示意图

Q2：位于东城门（4 号山）遗址中部，弧形，墙体宽 10 米，南端和北端均与 Q1 相连。发现了外包墙砖、夯土墙芯，局部残存地面铺砖。在 Q2 中部发现一处建筑基址（F2），Q2 南部发现另一处建筑基址（F3）。

地层堆积如下（图 3-6）：

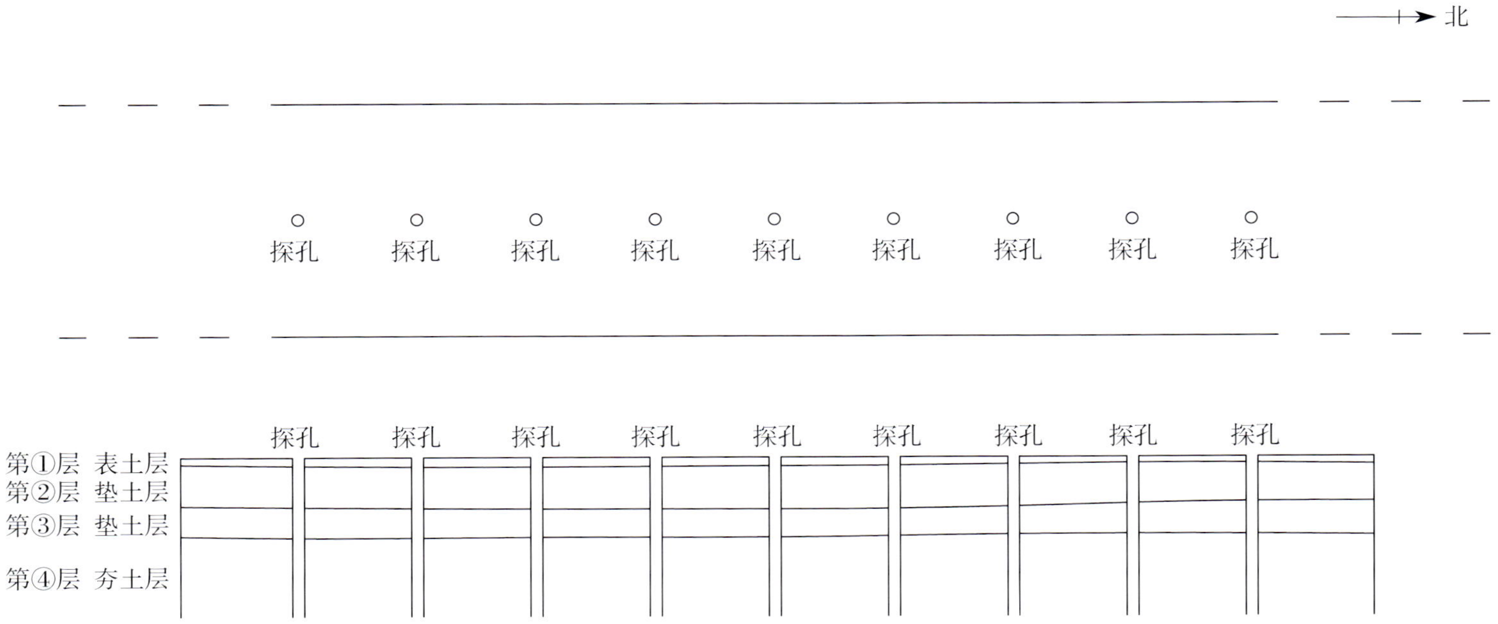

图 3-6　Q2 勘探平、剖面示意图

第①层：表土层。灰褐色粉砂土，土质疏松，厚 0.3 米，内含草木根须。

第②层：垫土层。黄褐色粉砂土，土质较疏松，厚 1.8 米，内含白灰渣。

第③层：垫土层。黄褐色粉砂土，土质致密，厚 1.3 米，内含少量白灰渣、泥质灰陶碎砖块。

第④层：夯土层。浅黄褐色粉砂土，土质坚硬，未打穿，厚度不详，内含少量白灰颗粒和黄土颗粒。

Q3：位于东城门（4 号山）遗址东部，不规则，墙体宽 3.5 米，北部和南部均有拐角，北部拐角连接 Q2，南部拐角连接 Q1。发现了外包墙砖、夯土墙芯，局部残存地面铺砖。在 Q3 最东段发现一处建筑基址（F4）。

地层堆积如下（图 3–7）：

第①层：表土层。灰褐色粉砂土，土质疏松，厚 0.3 米，内含草木根须。

第②层：垫土层。黄褐色粉砂土，土质较疏松，厚 1.8 米，内含白灰渣。

第③层：垫土层。黄褐色粉砂土，土质致密，厚 1.3 米，内含少量白灰渣、泥质灰陶碎砖块。

第④层：夯土层。浅黄褐色粉砂土，土质坚硬，未打穿，厚度不详，内含少量白灰颗粒和黄土颗粒。

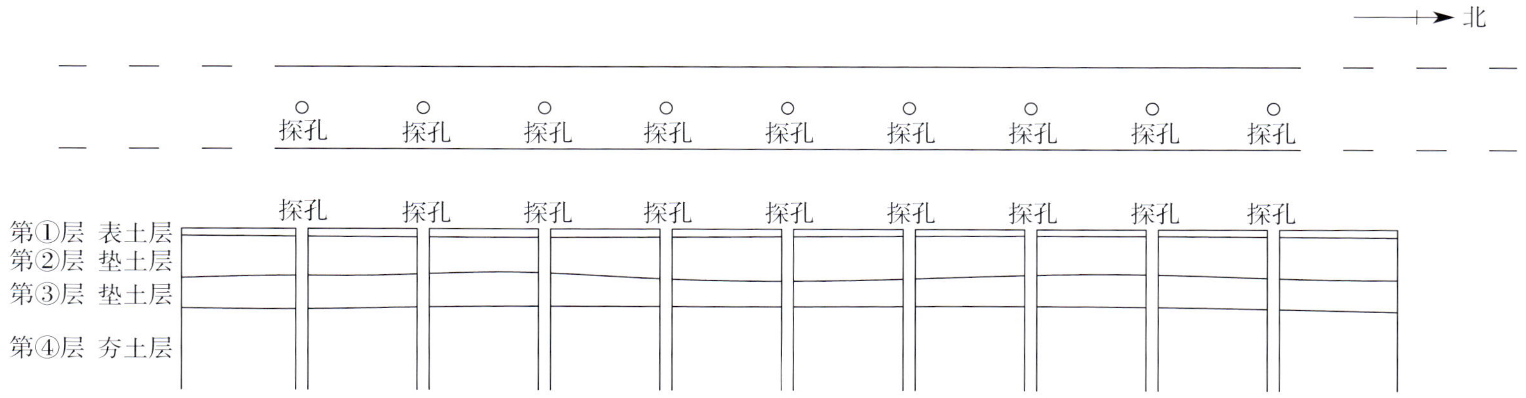

图 3–7　Q3 勘探平、剖面示意图

建筑基址

F1：位于东城门（4 号山）遗址西部、Q1 中部，平面呈长方形，南北长 29、东西宽 17 米。发现了 F1 外包墙砖，保存完整，上部保存有大量垫砖层，中部垫砖层缺失，残存夯土。

地层堆积如下（图 3–8）：

第①层：表土层。灰褐色粉砂土，土质疏松，厚 0.3 米，内含草木根须。

第②层：垫土层。黄褐色粉砂土，土质较疏松，厚 1.8 米，内含白灰渣。

第③层：垫土层。黄褐色粉砂土，土质致密，厚 1.3 米，内含少量白灰渣、泥质灰陶碎砖块。

第④层：夯土层。浅黄褐色粉砂土，土质坚硬，未打穿，厚度不详，内含少量白灰颗粒和黄土颗粒。

F2：位于东城门（4 号山）遗址中部、Q2 中部，平面近似正方形，南北长 28、东西宽 27 米。发现了 F2 外包墙砖和夯土，由于 F2 大部分被毛石垫层所叠压，所以保存状况不详。

地层堆积如下（图 3–9）：

第①层：表土层。灰褐色粉砂土，土质疏松，厚 0.3 米，内含草木根须。

第②层：垫土层。黄褐色粉砂土，土质较疏松，厚 1.3 米，内含白灰渣。

第③层：垫土层。黄褐色粉砂土，土质致密，厚 1.1 米，内含少量白灰渣、泥质灰陶碎砖块。

第④层：夯土层。浅黄褐色粉砂土，土质坚硬，未打穿，厚度不详，内含少量白灰颗粒和黄土颗粒。

F3：位于东城门（4 号山）遗址南部、Q2 南部，平面近似长方形，东西长 34、南北宽 15 米。发现了 F3

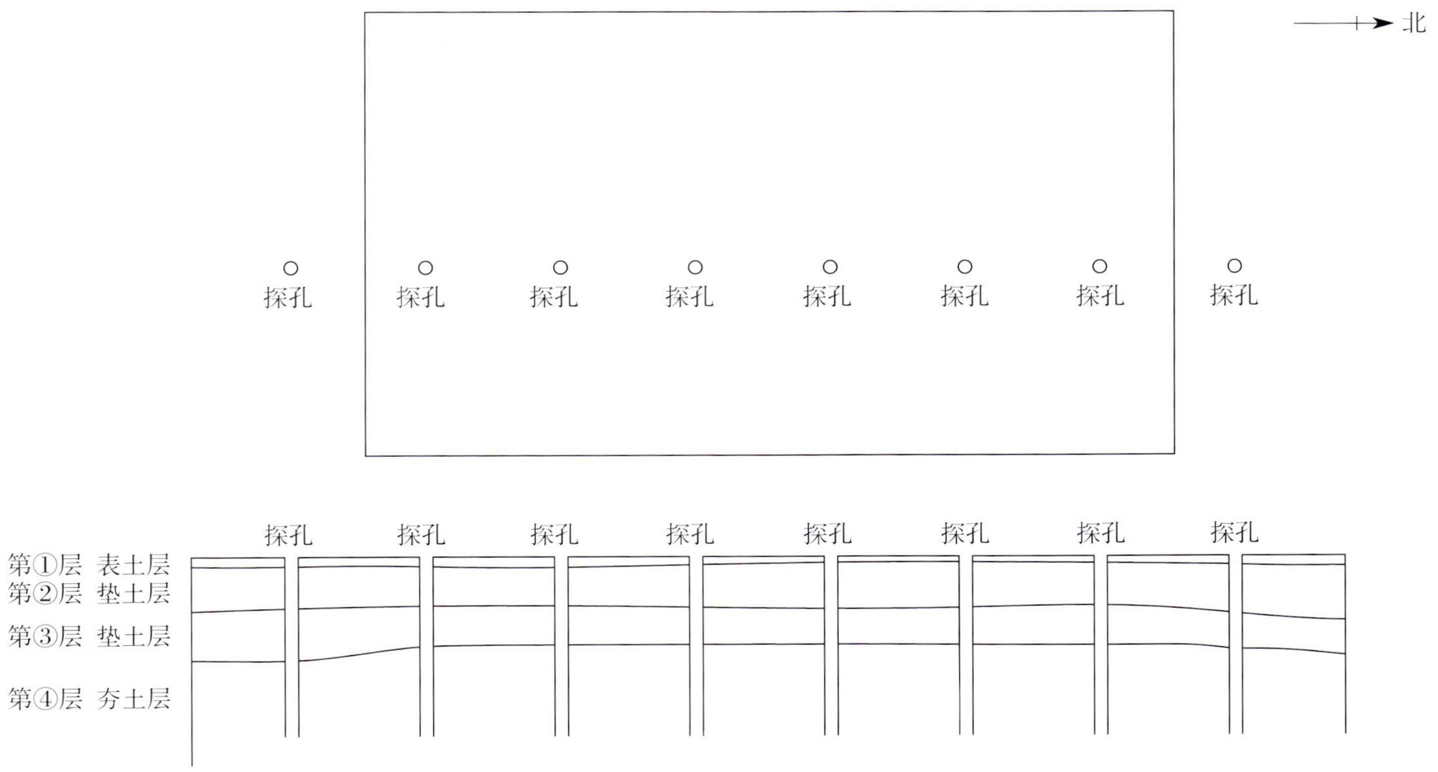

图 3-8　F1 勘探平、剖面示意图

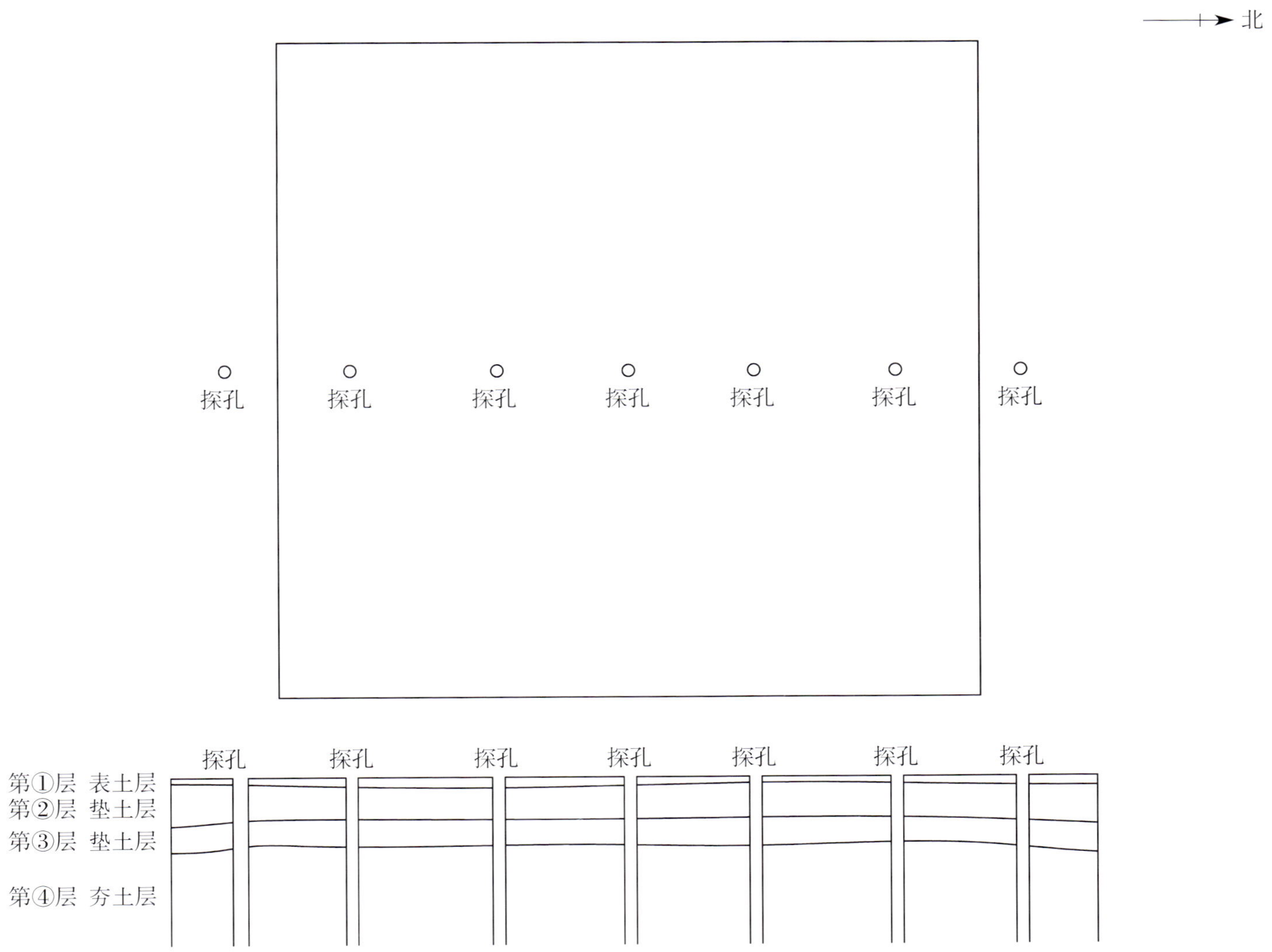

图 3-9　F2 勘探平、剖面示意图

外包墙砖和夯土，由于F3大部分被毛石垫层所叠压，所以保存状况不详。

地层堆积如下（图3–10）：

第①层：表土层。灰褐色粉砂土，土质疏松，厚0.3米，内含草木根须。

第②层：垫土层。黄褐色粉砂土，土质较疏松，厚1.5米，内含白灰渣。

第③层：垫土层。黄褐色粉砂土，土质致密，厚1米，内含少量白灰渣、泥质灰陶碎砖块。

第④层：夯土层。浅黄褐色粉砂土，土质坚硬，未打穿，内含少量白灰颗粒和黄土颗粒。

F4：位于东城门（4号山）遗址东部、Q3东北部，北部被国防工事占压无法勘探，平面呈长方形，南北残长16、东西宽12米。发现了西侧外包墙砖，南侧和东侧为砖石混合，具体结构和保存情况不详。

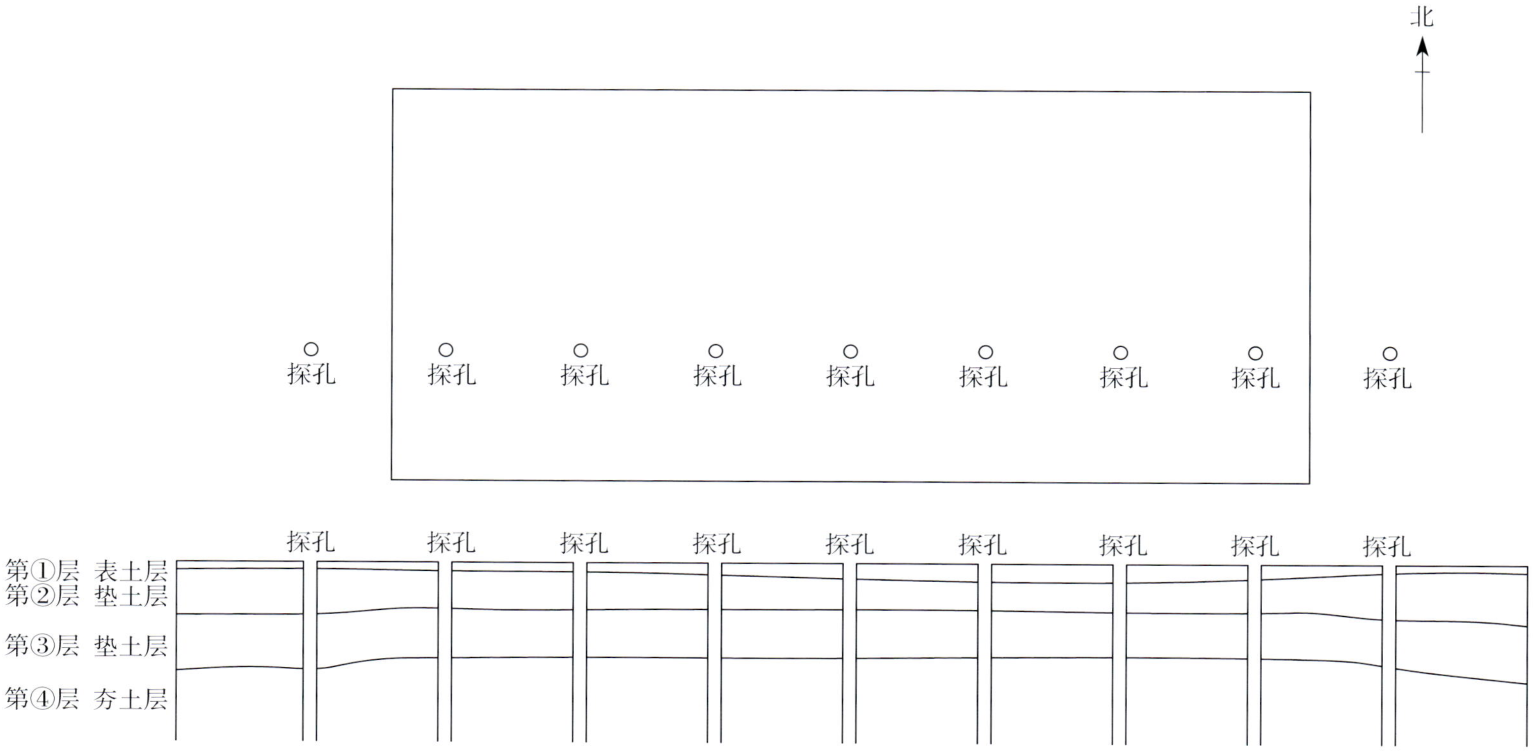

图3–10 F3勘探平、剖面示意图

地层堆积如下（图3–11）：

第①层：表土层。灰褐色粉砂土，土质疏松，厚0.3米，内含草木根须。

第②层：垫土层。黄褐色粉砂土，土质较疏松，厚0.8米，内含白灰渣。

第③层：垫土层。黄褐色粉砂土，土质致密，厚0.6米，内含少量白灰渣、泥质灰陶碎砖块。

第④层：夯土层。浅黄褐色粉砂土，土质坚硬，未打穿，厚度不详，内含少量白灰颗粒和黄土颗粒。

道路

L1：位于东城门（4号山）遗址东部偏北、Q2与Q3连接处北侧，连接F1，总体呈东西走向，宽1.2米，长度不详。

地层堆积如下（图3–12）：

第①层：表土层。灰褐色粉砂土，土质疏松，厚0.3米，内含草木根须。

第②层：垫土层。黄褐色粉砂土，土质较疏松，厚0.8米，较纯净。

第③层：垫土层。黄褐色粉砂土，土质致密，厚0.6米，内含大量白灰渣、泥质灰陶碎砖块。

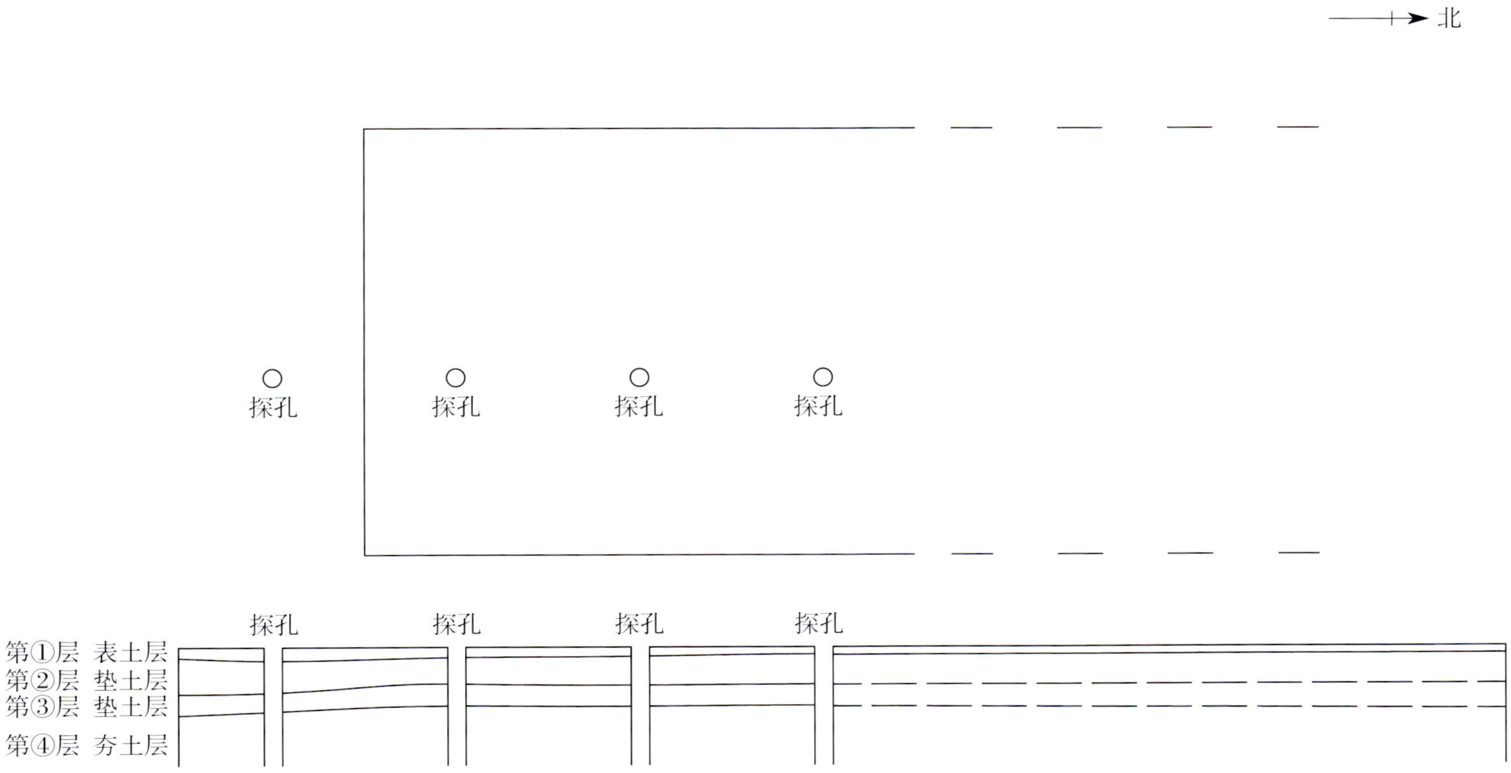

图 3-11　F4 勘探平、剖面示意图

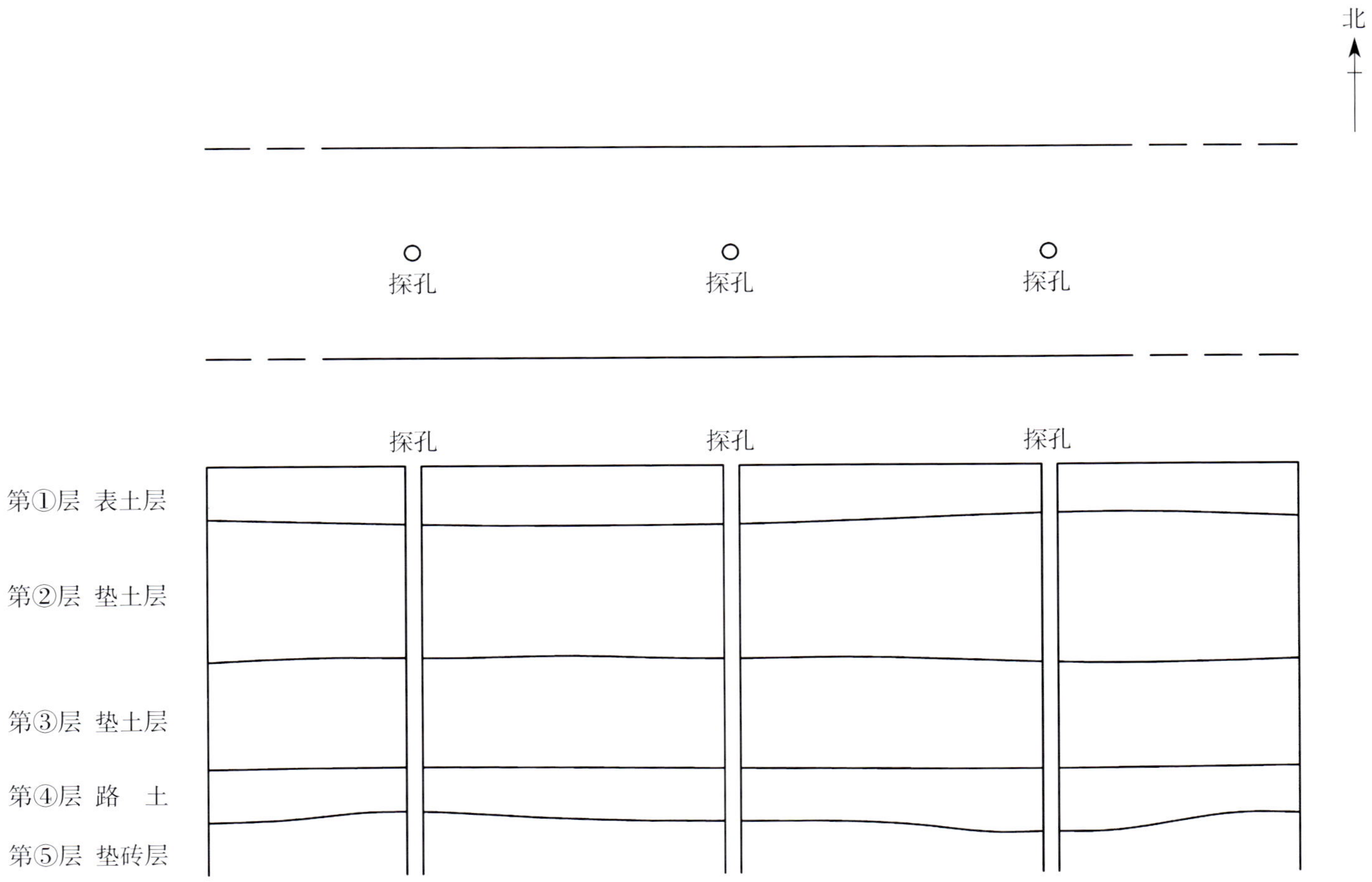

图 3-12　L1 勘探平、剖面示意图

第④层：路土。灰黑色粉砂土，土质较坚硬，厚0.3米，内含少量白灰颗粒和黄土颗粒。

第⑤层：垫砖层。大量碎砖块和白灰块，土质疏松，未打穿，厚度不详，内含大量白灰颗粒和黄土颗粒。

L2：位于东城门（4号山）遗址东部，F4中部偏北，总体呈东西走向，宽5米，长度不详。

地层堆积如下（图3-13）：

第①层：表土层。灰褐色粉砂土，土质疏松，厚0.3米，内含草木根须。

第②层：垫土层。黄褐色粉砂土，土质较疏松，厚0.8米，较纯净。

第③层：垫土层。黄褐色粉砂土，土质致密，厚1米，内含大量白灰渣、泥质灰陶碎砖块。

第④层：路土。深灰褐色粉砂土，土质较坚硬，厚0.5米，较纯净。

第⑤层：夯土层。灰褐色粉砂土，土质致密，未打穿，厚度不详，内含少量白灰颗粒和黄土颗粒。

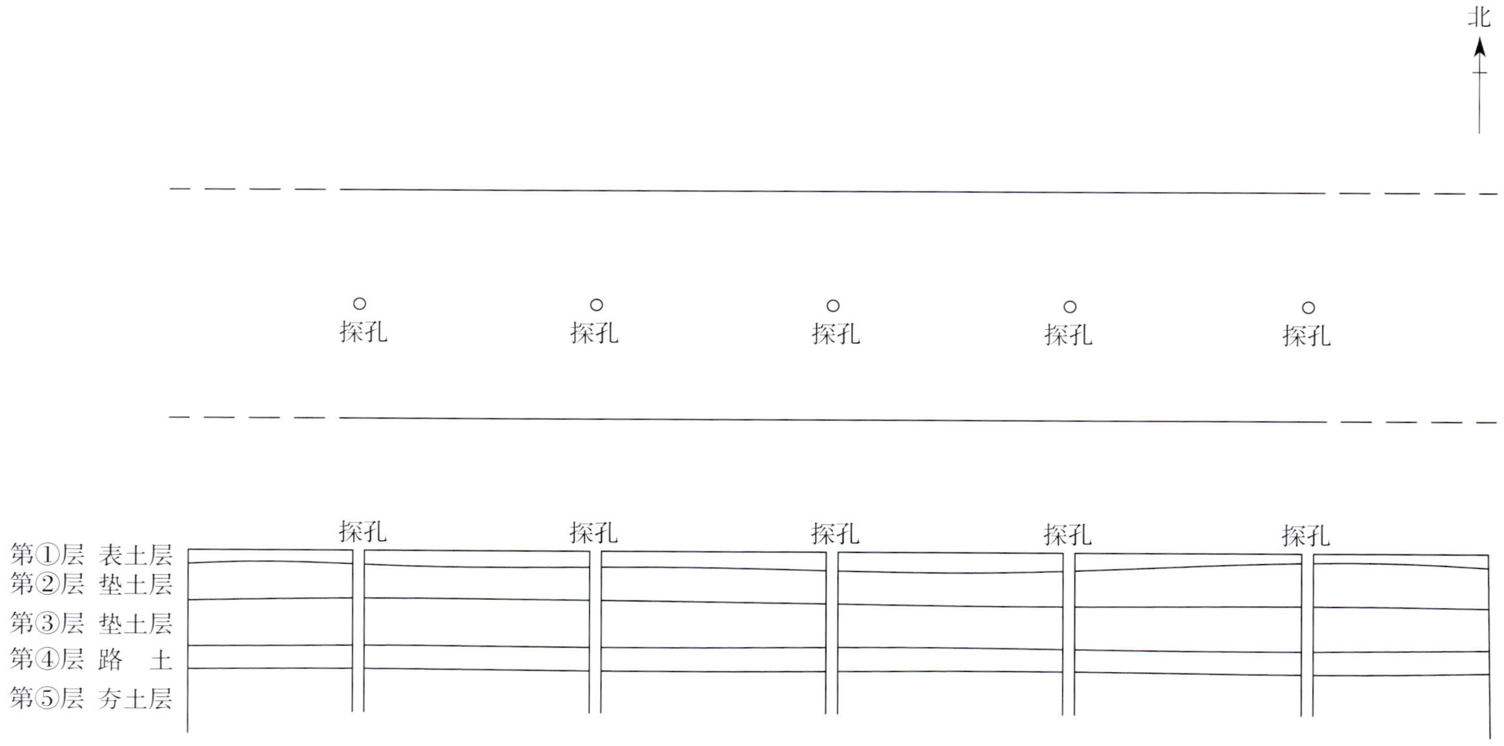

图3-13　L2勘探平、剖面示意图

3. 小结

根据勘探所发现的Q1、Q2、Q3的走向、规模及位置关系，参考文献资料和走访调查成果，推测Q1、Q2、Q3分别为东城门的主城城墙、瓮城城墙、月城城墙。F1位于Q1中部且正对中山路，推测为主城门城台；F2位于Q2中部，推测为瓮城东城台；F3位于Q2南部，推测为瓮城城门城台；F4位于Q3东北部，西侧正对瓮城东城台（F2），东侧正对东关大街，推测为月城城门城台。L1位于月城北接城门城墙与瓮城北接城门城墙连接处以北，直达主城门，与当地群众所述一致，应是1967年修筑国防工事之前（具体年代不详）所开辟的小路，人们进出东城门不再经过月城城门和瓮城城门。L2打破月城城台，具体修建年代和用途不详。遗迹形制规模及位置关系见下表（表3-1）。

表 3–1　遗迹概况

遗迹	形制	位置关系	备注
Q1	南北走向，南北长约 300、东西宽约 10 米	东城门（4 号山）遗址西部	主城城墙
Q2	弧形，墙体宽 10 米，南端和北端均与 Q1 相连	东城门（4 号山）遗址中部	瓮城城墙
Q3	不规则，墙体宽 3.5 米，北部和南部均有拐角，北部拐角连接 Q2，南部拐角连接 Q1	东城门（4 号山）遗址东部	月城城墙
F1	平面呈长方形，南北长 29、东西宽 17 米	东城门（4 号山）遗址西部、Q1 中部	主城门城台
F2	平面近似正方形，南北长 28、东西宽 27 米	东城门（4 号山）遗址中部、Q2 中部	瓮城东城台
F3	平面近似长方形，东西长 34、南北宽 15 米	东城门（4 号山）遗址南部、Q2 南部	瓮城城门城台
F4	平面呈长方形，南北残长 16、东西宽 12 米	东城门（4 号山）遗址东部、Q3 东北部	月城城门城台
L1	总体呈东西向，宽 1.2 米	东城门（4 号山）遗址东部偏北、Q2 与 Q3 连接处北侧，连接主城门（F1）	1967 年修筑国防工事之前（具体年代不详），开辟的一条小路
L2	总体呈东西向，宽 5 米	东城门（4 号山）遗址东部，F4 中部偏北	具体修建年代和用途不详

第四章　考古清理

2019 年 7 月 9 日至 10 月 26 日，根据勘探成果，河北省文物考古研究院组队对东城门（4 号山）遗址进行适度考古清理，清理总面积（布设探方面积）约 4900 平方米。

此次仅对 4 号山山体覆盖下的主城系统和月城系统进行考古清理，对山体中部的瓮城系统未做清理。

鉴于遗址分布面积大，布方时对遗址进行了分区，共分为两个区，Ⅰ区位于主城系统，Ⅱ区位于月城系统，探方规格为 10 米 ×10 米。Ⅰ区共布设探方 37 个，Ⅱ区共布设探方 12 个，为便于厘清重要遗迹的规模和结构布局，在明确地层堆积后，清理探方隔梁。同时，在遗址破坏较严重的关键部位布设了 5 条探沟。清理面积（布设探方面积）4900 平方米（图 4–1）。

图 4–1　考古清理后遗址地貌图

第一节　城墙分期

在清理过程中发现主城系统和月城系统中的部分建筑基址存在着叠压和打破关系，其中主城系统可以分为一期、二期和二期后三个时期，月城系统可以分为一期和二期两个时期。

1. 主城系统叠压和打破关系

二期主城门城台叠压一期城台（图 4–2），二期主城门外包砖墙贴附于一期主城门外包砖墙之外（图 4–3）。

马道外包砖墙叠压主城门外包砖墙。其中一期南接主城门马道外包砖墙叠压一期主城门外包砖墙（图 4–4），二期北接主城门马道外包砖墙叠压二期主城门外包砖墙（图 4–5）。

南、北接主城门城墙外包砖墙贴附于城墙夯土墙体之外（图 4–6），二期南、北接主城门城墙顶部的灰土垫层及铺砖面均叠压一期城墙铺砖面。

二期主城门城台顶部发现的“︵”形建筑基址和周边砌砖基础叠压二期主城楼基址（图 4–7、4–8、4–9）。

二期后的方形建筑基址打破一期南接主城门马道，二期后南接主城门马道外包砖墙残存基础叠压二期主城门条石基础、贴附于一期南接主城门马道条石基础之外（图 4–10），二期后的北接主城门城墙填砖打破城墙夯土墙芯。

2. 月城系统叠压和打破关系

一期南接月城城门城墙叠压一期月城城门条石基础，二期月城城门条石基础叠压二期南接月城城门城墙。

图 4–2　一期、二期城台叠压关系图

图 4–3　一期、二期主城门外包砖墙叠压关系图

图 4–4　一期南接主城门马道外包砖墙与一期主城门外包砖墙叠压关系图

图 4–5　二期北接主城门马道外包砖墙与二期主城门外包砖墙叠压关系图

图 4–6　南接主城门城墙外包砖墙与城墙夯土墙体叠压关系图

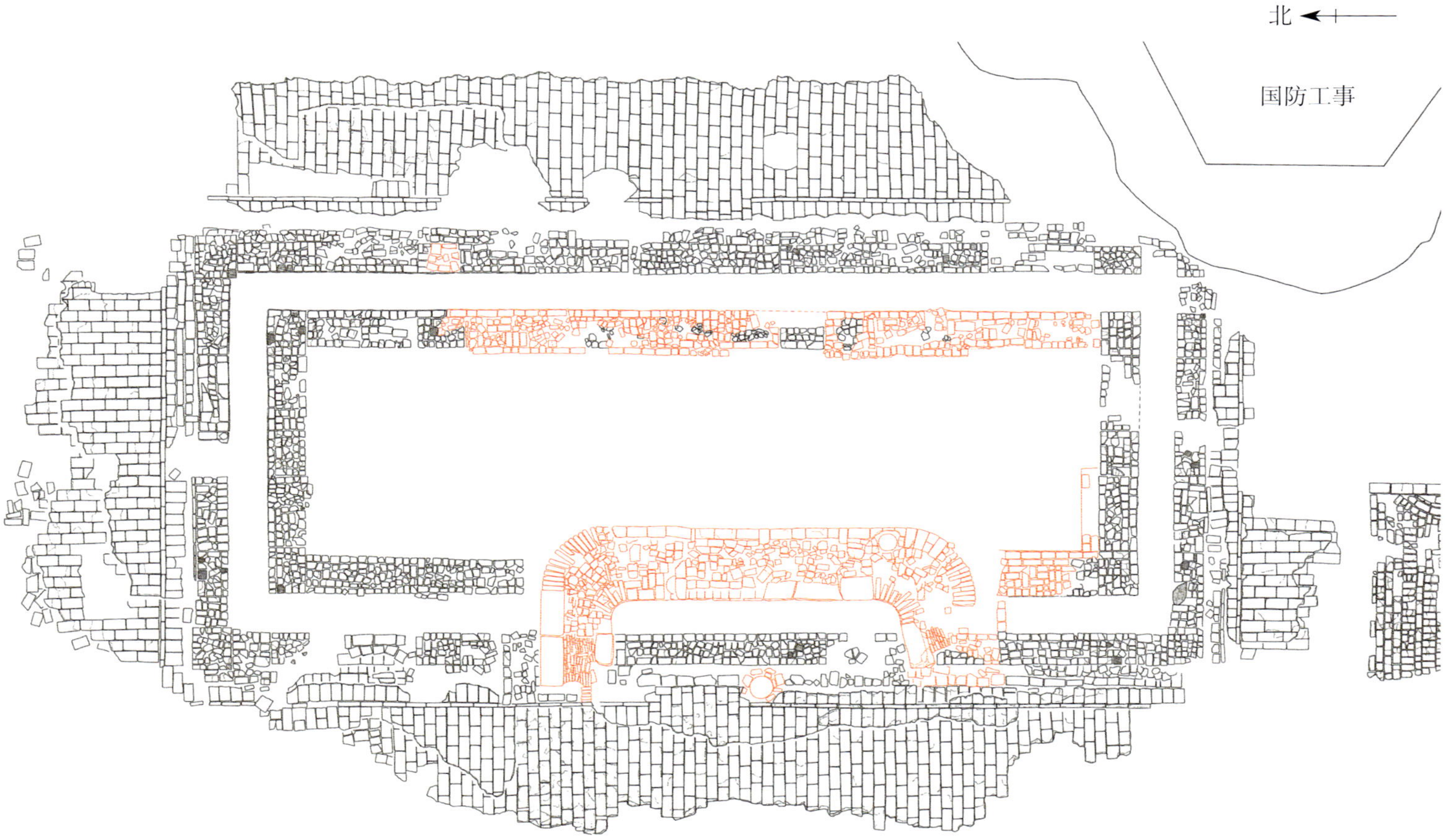

图 4–7 “︿”形建筑基址和周边砌砖基础在城台位置示意图

图 4-8 “︵”形建筑基址

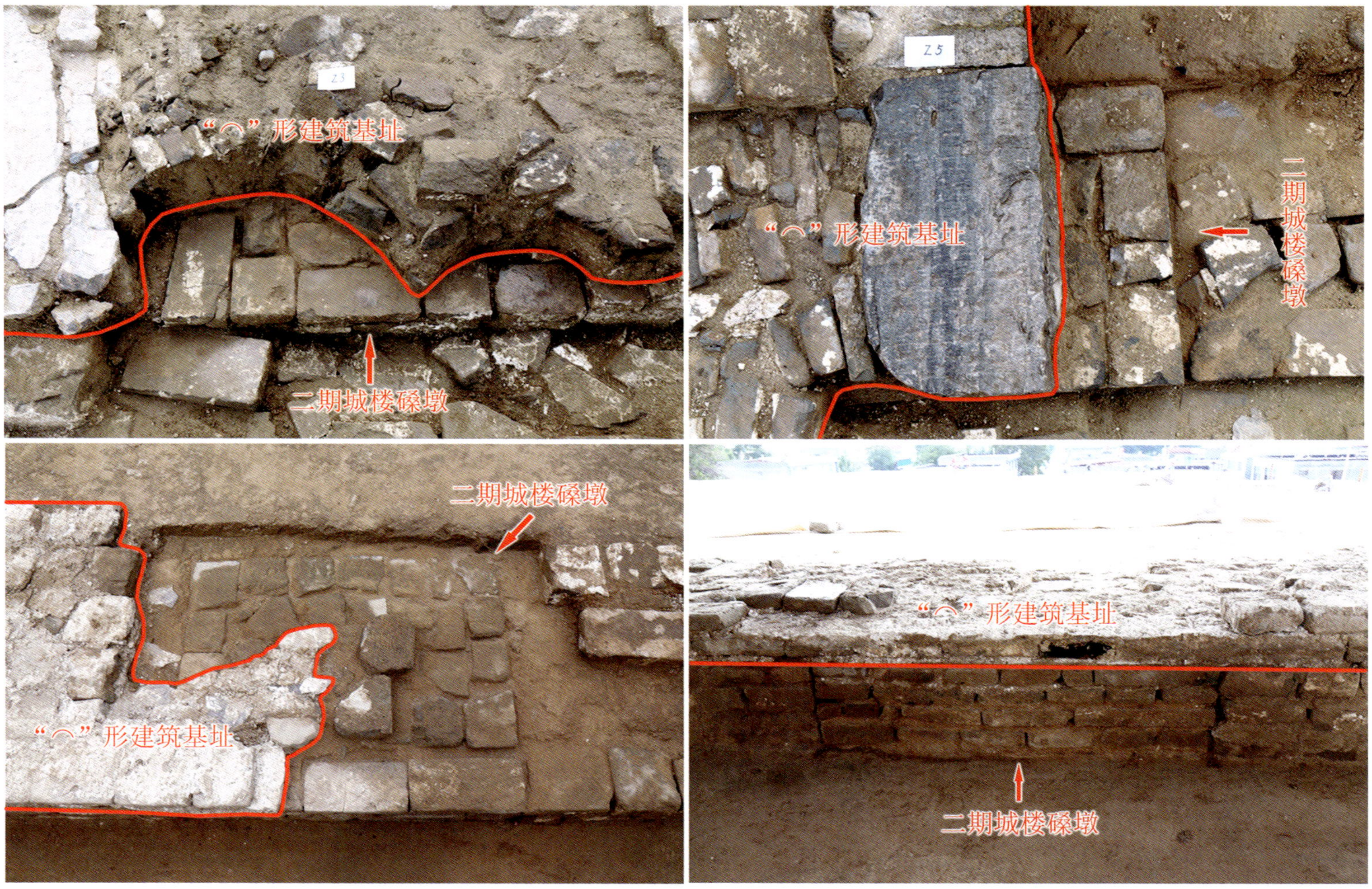

图 4-9 “︵”形建筑基址与二期主城楼基址叠压关系图

图 4-10　二期后南接主城门马道外包砖墙甃砖基础与其他建筑遗存叠压关系图

二期月城城门和南接月城城门城墙均叠压一期月城城门和南接月城城门城墙。

3. 小结

结合主城系统与月城系统中部分建筑基址间的叠压和打破关系，我们将主城系统分为一期主城系统、二期主城系统、二期后主城系统；月城系统分为一期月城系统、二期月城系统。

同一时期的主城系统中，先修筑主城门和南、北接主城门城墙，然后修筑南、北接主城门马道。

一期月城系统中，先修筑月城城门，再修筑南接月城城门城墙；二期月城系统中，先修筑南接月城城门城墙，再修筑月城城门。

第二节　主城系统

东城门主城系统位于东城门（4 号山）遗址西部，呈南北走向，根据前期勘探基本厘清了主城的位置及基本布局。在主城门及南、北两侧马道和城墙处共布设 10 米 ×10 米的探方 37 个，清理总面积（布设探方面积）3750 平方米。为了解主城系统结构及规模，在遗址破坏较严重的关键节点布了 5 条探沟。

经清理，主城系统残存主城门、南接主城门马道、北接主城门马道、南接主城门城墙、北接主城门城墙等五部分（图 4-11）。

1. 主城系统全貌正视图

图 4-11　主城系统全貌影像图

2. 主城系统全貌俯视图

1. 一期主城系统

一期主城系统现存主城门、南接主城门马道、北接主城门马道、南接主城门城墙、北接主城门城墙等五部分。

1.1 主城门

主城门南北长 29、东西宽 17、残高 9.34 米。残存城门顶部内檐墙、城门拔檐、外包砖墙、城门底部角柱石、城门底部条石基础[1]（图 4–12、4–13）。城台、拱券、门道、主城门填芯、城门散水等建筑遗存被包裹在二期主城门内，保存状况不详。

图 4–12　主城门西立面

1.1.1 城门顶部内檐墙

城门顶部内檐墙仅存 3 行，残长 4、残高 0.34 米，厚度不详，由泥质灰陶砖[2]一顺一丁错缝垒砌，白灰膏砌筑，白灰浆灌注，白灰勾缝，用砖规格为 47 厘米 ×23 厘米 ×10 厘米。

1.1.2 城门拔檐

城门拔檐为两层直檐式，出檐 8 厘米，残长 13、高 0.22 米，距二期城门底部灰土散水 9 米。由泥质灰陶砖一顺一丁错缝垒砌，白灰膏砌筑，白灰浆灌注，白灰勾缝，用砖规格为 47 厘米 ×23 厘米 ×10 厘米。

1.1.3 城门外包砖墙

城门券顶上部区域坍塌严重，坍塌处顶部长 10.8、底部长 8.2、高 1.7 米。

---

[1]　为便于区分两期遗迹现象，所描述分期均为红色部分，特此说明。

[2]　本书中提及的“泥质灰陶砖”即刘大可所著《中国古建筑瓦石营法》（第二版）中的“青砖”，特此说明。

图 4-13　一期主城门西立面示意图

主城门西立面外包砖墙顶部南北长 28.68、底部南北长 28.94、高 7.89 米，收分 10%，厚度不详。除南侧包砖墙裸露外，其余大部分被二期城门外包砖墙面砖包裹。南侧包砖墙保存状况良好，由泥质灰陶砖一顺一丁错缝垒砌，白灰膏砌筑，白灰浆灌注，白灰勾缝，用砖规格为 47 厘米 ×23 厘米 ×10 厘米。

1.1.4 城门底部角柱石

城门底部角柱石仅清理出西南角角柱石，西北角角柱石被二期城门外包砖墙所包裹，东北角角柱石、东南角角柱石被 4 号山山体所覆盖，规格及保存状况不详。西南角角柱石为青石材质，素面，长 69、宽 35、高 46 厘米。砌筑方式为白灰膏砌筑，白灰浆灌注，白灰勾缝（图 4-14）。

1.1.5 城门底部条石基础

城门底部为条石基础。条石为青石材质，素面，上层条石长 47.5—68.1、高 15—20 厘米，宽度不详；下层条石长 66.3—85.6、高 18—20 厘米，宽度不详。两层条石上下错缝垒砌，白灰膏砌筑，白灰浆灌注，白灰勾缝。下层条石被二期城门外包砖墙面砖包裹，下部结构不详（图 4-14）。

城门顶部南北长 29、东西宽 17 米，城台被二期城台叠压，保存状况不详。

拱券和门道被二期拱券和门道包裹，砌筑方式和保存状况不详。

主城门填芯被外包砖墙包裹，内部夯筑情况和保存状况不详。

城门散水被二期城门散水所覆盖，规格、夯筑方式与保存状况不详。

在二期城台东部边界破坏较严重部位布 3 条探沟，通过对紧贴山体 TG2、TG3、TG4 的解剖可知，一期主城门东立面外包砖墙残高 9.64 米，宽度、厚度不详，由泥质灰陶砖和少量泥质红陶砖一顺一丁错缝垒砌，白灰膏砌筑，白灰浆灌注，白灰勾缝，用砖规格有 28 厘米 ×14 厘米 ×5 厘米、30 厘米 ×15 厘米 ×5 厘米和 33 厘米 ×16 厘米 ×5 厘米三种。清理至 1.5 米时发现毛石垫层，停止清理，主城门东立面的主体及底部基础规模、结构、砌筑方式和保存状况不详。

1.2 南接主城门马道

由于二期南接主城门马道的地面铺砖和灰土垫层破坏严重，致使一期南接主城门马道顶部地面铺砖外露，残长 48.85 米，包括顶部马道、马道平台、底部马道三部分（图 4-15、4-16）。

顶部马道长 40、残宽 7.04 米，坡度 12°。马道平台大部分被二期灰土垫层叠压，残长 2.85 米，宽度不详，坡度 0°。底部马道被城墙废弃堆积和二期灰土垫层叠压，残长 6、残宽 4.08 米，坡度 20°，收分 12%。

1. 一期主城门西南角角柱石和条石基础

2. 一期主城门西南角角柱石和条石基础示意图

图 4-14　一期主城门西南角角柱石和条石基础

1.2.1 马道地面

马道地面为泥质灰陶砖一顺一丁错缝平铺，白灰膏砌筑，白灰浆灌注，白灰勾缝，用砖规格有 28 厘米 ×14 厘米 ×5 厘米、30 厘米 ×15 厘米 ×5 厘米和 33 厘米 ×16 厘米 ×5 厘米三种，局部为残砖拼补。其中在顶部马道铺砖面中发现一处遗存，由四块泥质灰陶筒瓦残片拼接而成，整体呈东西走向，长 28、宽 14 厘米，东西两块残片相向，南北两块残片相背，拼接成近似于"∞"形，内外填泥质灰陶碎砖块，功用不详（图 4-17）。一期北接主城门顶部马道的铺砖面被二期灰土垫层叠压，是否存有同样的"∞"形拼接遗存，不详。

1.2.2 马道拦水砖

马道顶部地面间隔 1.1—1.8 米砌有拦水砖，由泥质灰陶砖东西向甃砌[1]一行，白灰膏砌筑，白灰浆灌注，白灰勾缝，用砖规格为 47 厘米 ×23 厘米 ×10 厘米（图 4-18）。

[1]　甃砖即立砌的丁头砖，古建墙体砖的摆置方式之一，常见的砌筑方式有一甃一卧，多用于土坯墙的砌筑。参见刘大可：《中国古建筑瓦石营法》（第二版），北京：中国建筑工业出版社，2015 年。

1. 一期南接主城门马道

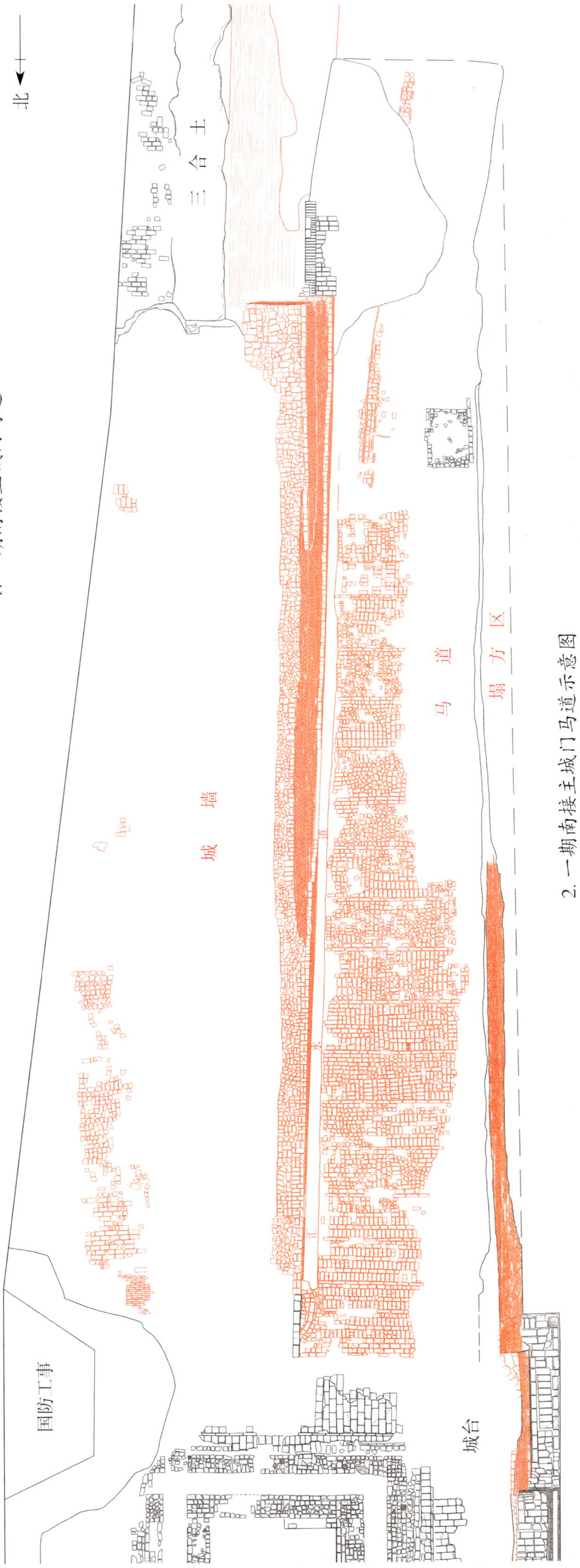

2. 一期南接主城门马道示意图

图 4-15 一期南接主城门马道

1. 一期南接主城门马道西立面

2. 一期南接主城门马道西立面示意图

图 4-16　一期南接主城门马道西立面

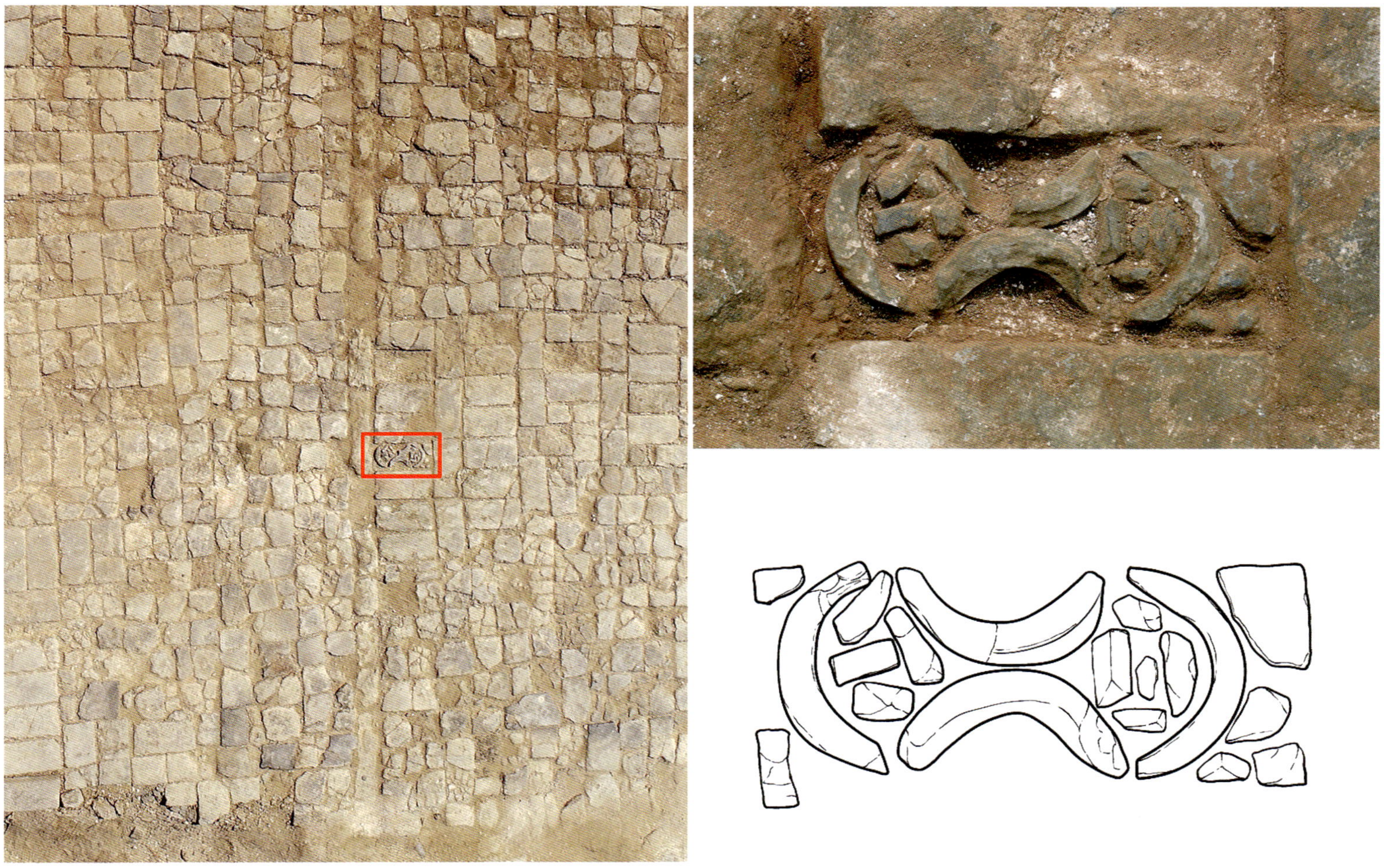

图 4-17　“∞”形拼接遗存

图 4-18　拦水砖

1.2.3 马道汇水道

马道地面存有南北向汇水道，残长 51.2、宽 0.43 米；水道内侧宽 0.3、深 0.15 米。汇水道东西两侧由泥质灰陶砖甃砌，底部为泥质灰陶砖平铺，白灰膏砌筑，白灰浆灌注，白灰勾缝，用砖规格有 28 厘米 ×14 厘米 ×5 厘米、30 厘米 ×15 厘米 ×5 厘米、33 厘米 ×16 厘米 ×5 厘米三种，局部为残砖拼补（图 4–19）。汇水道随马道走势北高南低，最北端呈弧形，向东偏转，被二期南接主城门城墙外包砖墙叠压，顶部马道中的汇水道大部分位于东部，局部缺失（图 4–20），在临近马道平台处，汇水道向西转至中部；马道平台中的汇水道被二期南接主城门马道防水灰土垫层叠压；底部马道中的汇水道北段被二期南接主城门马道防水灰土垫层叠压，中段汇水道位于中部偏西，外露 1.4 米，南段汇水道破坏缺失。

1.2.4 马道外包砖墙

南接主城门马道墙芯为 3∶7 灰土夯筑，夯层厚度 15—25 厘米。

南接主城门马道包砖墙保存较差，外包砖墙面砖除底部基础之上残存 5 行以及北侧连接主城门处保存较完整外，其余面砖大部分残破、脱落遗失，仅存包砖墙填芯砖，距主城门南 3.6 米至马道最南端处，包砖墙全部缺失，填芯夯土少量缺失，形成空洞，该区域后期修筑工事时回填了毛石和杂土。为防止局部发生坍塌未做清理，保留其现状。包砖墙残厚 0.68 米，由泥质灰陶砖一顺一丁错缝垒砌，白灰膏砌筑，白灰浆灌注，白灰勾缝，用砖规格有 30 厘米 ×15 厘米 ×5 厘米和 32 厘米 ×16 厘米 ×5 厘米两种。

1.2.5 马道条石基础

南接主城门马道整体为条石基础。条石基础分上下两层，残长 2.43、高 0.66 米，厚度不详，南部被回填

图 4–19　汇水道局部

图 4-20　一期马道汇水道与二期南接主城门城墙外包墙砖叠压关系图

的毛石和杂土占压。上层条石为青石材质，砌筑方式为两顺一丁错缝垒砌，白灰膏砌筑，白灰浆灌注，白灰勾缝，灰缝 1 厘米。残存 4 块顺石和 1 块丁石，其中丁石饰有“一寸三錾”人字纹[1]，仅丁石南侧的顺石饰有“一寸两錾”竖纹，其余顺石均为素面，顺石长 63—80、高 31 厘米，宽度不详，丁石宽 23.8、高 33.7 厘米，长度不详。下层条石被二期后南接主城门马道甃砖基础包裹，砌筑方式和尺寸不详（图 4-21）。

条石基础底部被二期后南接主城门马道甃砖基础包裹，有无散水不详。

1.3 北接主城门马道

一期北接主城门马道仅残存部分顶部马道，马道平台和底部马道被国防工事破坏，后期填充毛石、碎砖块等。

一期北接主城门顶部马道完全被二期北接主城门顶部马道的灰土垫层所叠压，顶部马道残长 13.7、顶部残宽 4.8、底部残宽 4.6、残存高度 6.7—9 米，坡度 12°，收分 12%（图 4-22、4-23）。在二期北接主城门顶部马道北部破坏较严重部位布 50 厘米 ×70 厘米的探沟（TG5）一条，通过对 TG5 的解剖，发现北接主城门马道与南接主城门马道的铺砖形制基本相同，但地面铺砖和汇水道的保存状况不详（图 4-24）。

北接主城门马道墙芯为 3∶7 灰土夯筑，夯层厚度 15—25 厘米。

---

[1]　石活打道的一种方式，打道是用錾子和锤子在基本凿平、砸平或剁平的石面上依次凿打，将石料打平，并在石料表面留下一道道均匀直顺的錾痕，分为糙、细两种作法。一寸即 3.2 厘米的宽度打三道，左右斜打，呈“人”字形。“一寸三錾”指在一寸即 3.2 厘米长的宽度内打出三道，属糙道作法。参见刘大可：《中国古建筑瓦石营法》（第二版），北京：中国建筑工业出版社，2015 年。

1. 一期南接主城门马道条石基础

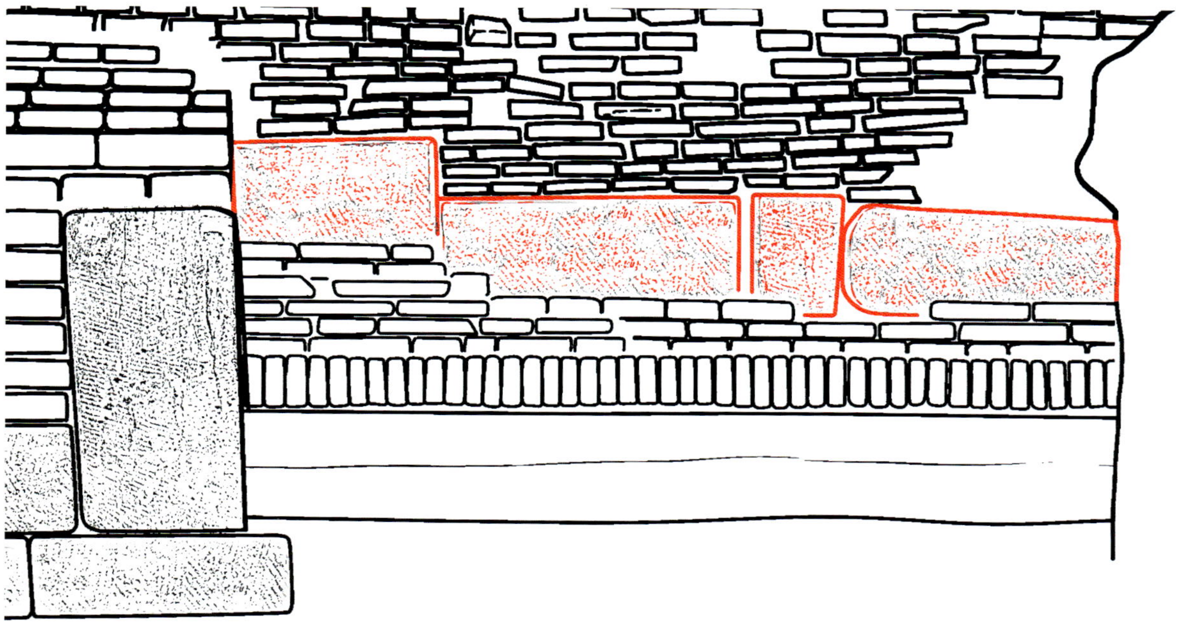

2. 一期南接主城门马道条石基础示意图

图 4–21　一期南接主城门马道条石基础

1. 一期北接主城门马道

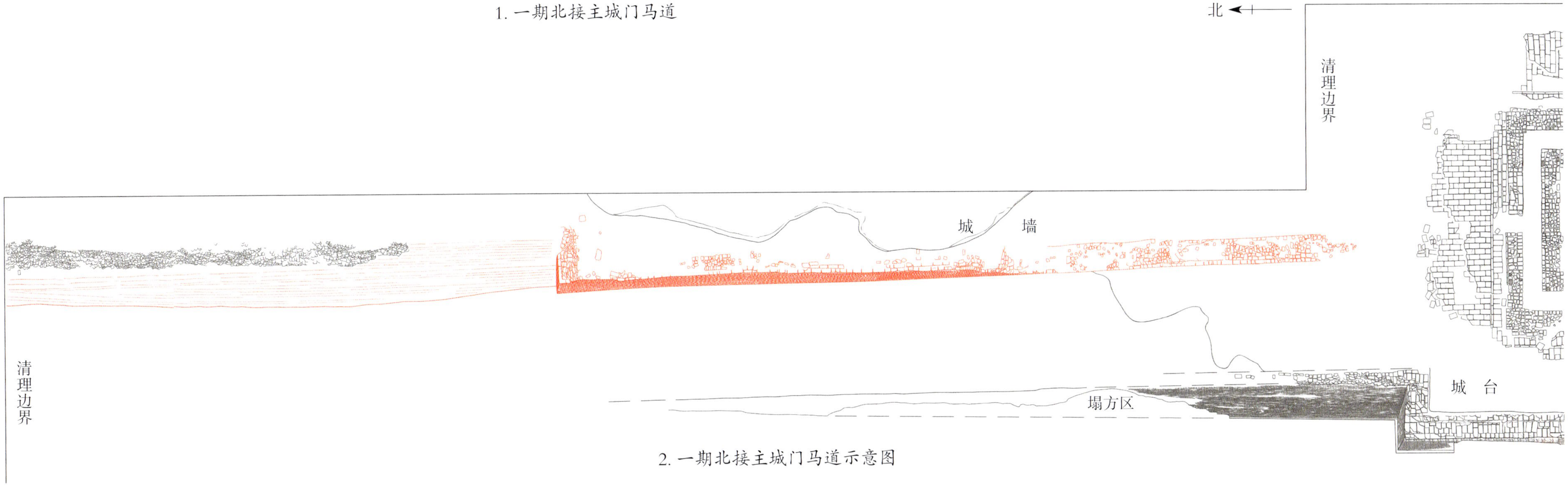

2. 一期北接主城门马道示意图

图 4-22　一期北接主城门马道

1. 一期北接主城门马道西立面

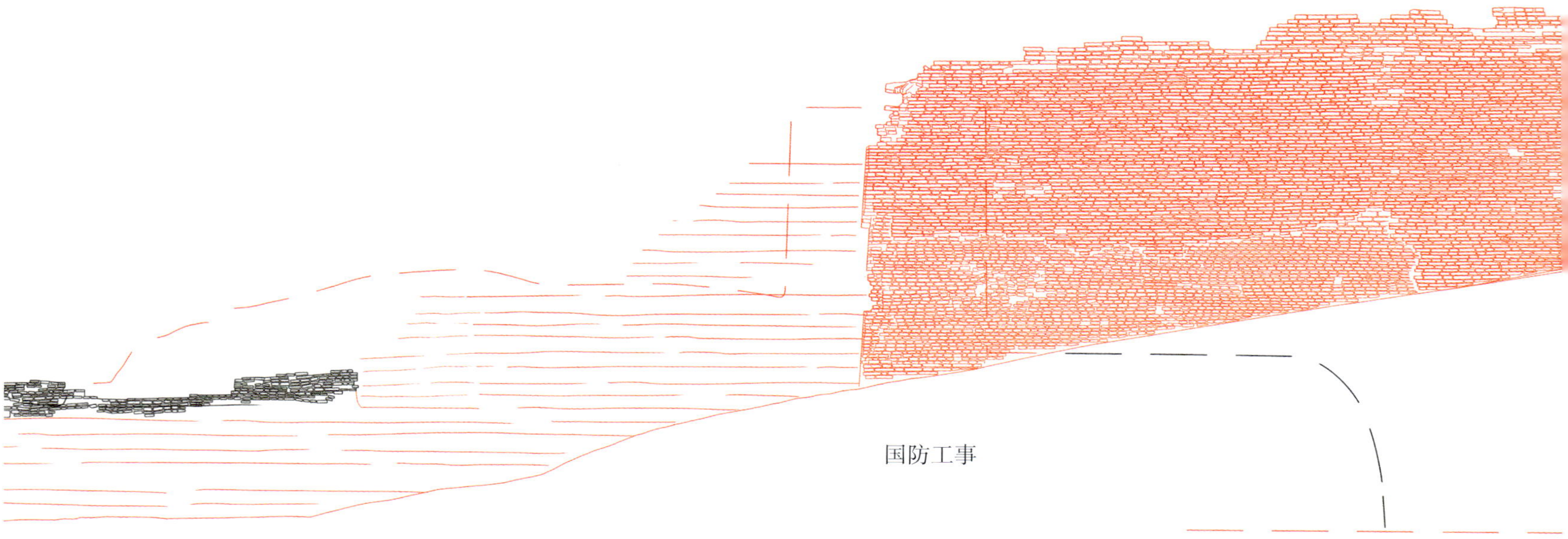

图 4-23　一期北接主城门马道西立面

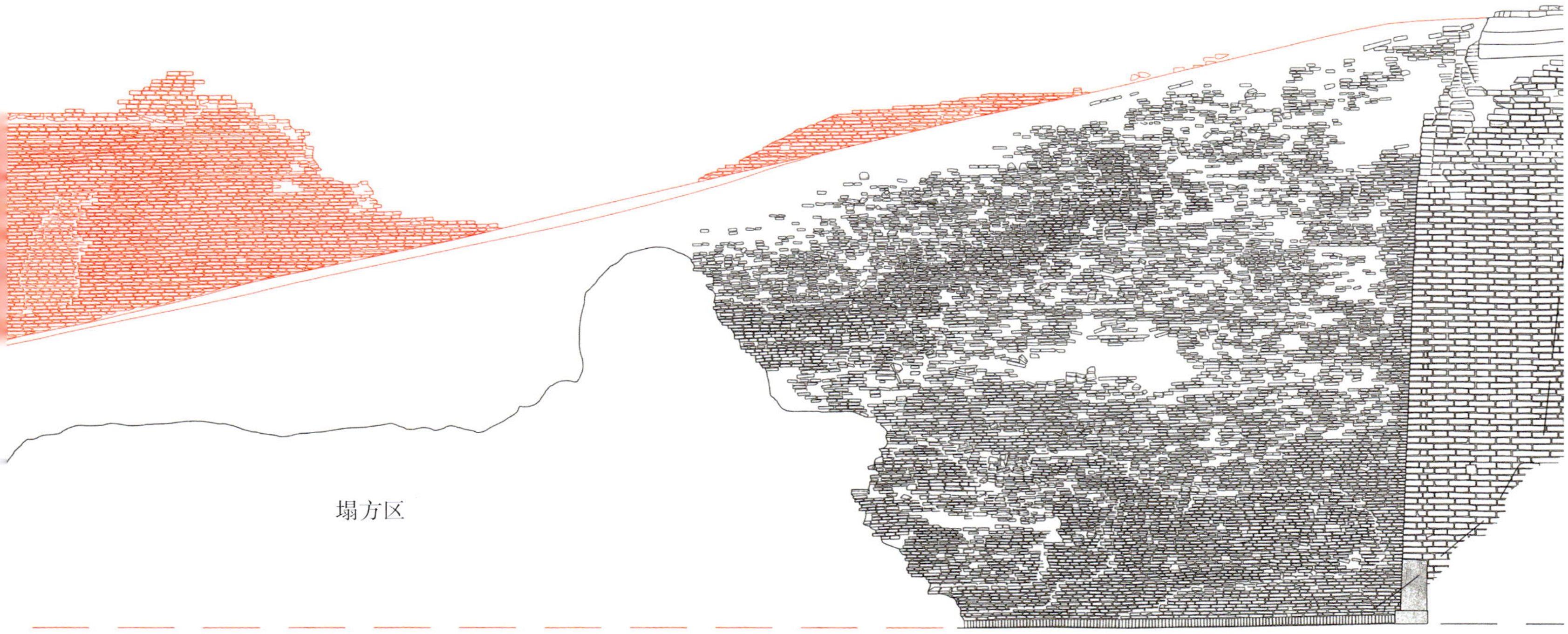

2 一期北接主城门马道西立面示意图

一期北接主城门马道包砖墙、基础和散水均被二期北接主城门马道包砖墙、基础和散水包裹，形制与保存状况不详。

1.4 南接主城门城墙

一期南接主城门城墙清理部分南北长60、北侧残宽7.7、南侧残宽3.7、北端最高处残高8.2米。仅残存部分海墁地面、外包砖墙、城墙填芯，未发现垛口、女儿墙、散水等建筑遗存（图4–25）。

1.4.1 城墙顶部海墁地面

城墙顶部海墁破坏严重，仅最北端连接主城台处残存一处不规则海墁地面，残长12.8、残宽2.7、残厚0.13米（图4–26）。海墁地面北部为泥质灰陶砖错缝甃砌，残长1.44、残宽1.3米，厚度不详，砌筑方式为白灰膏砌筑，白灰勾缝，用砖规格为32厘米 ×16厘米 ×5厘米。然后接上下两层铺砖层，上层为面砖层，由泥

图4–24　一期北接主城门马道顶部铺砖地面

1. 一期南接主城门城墙

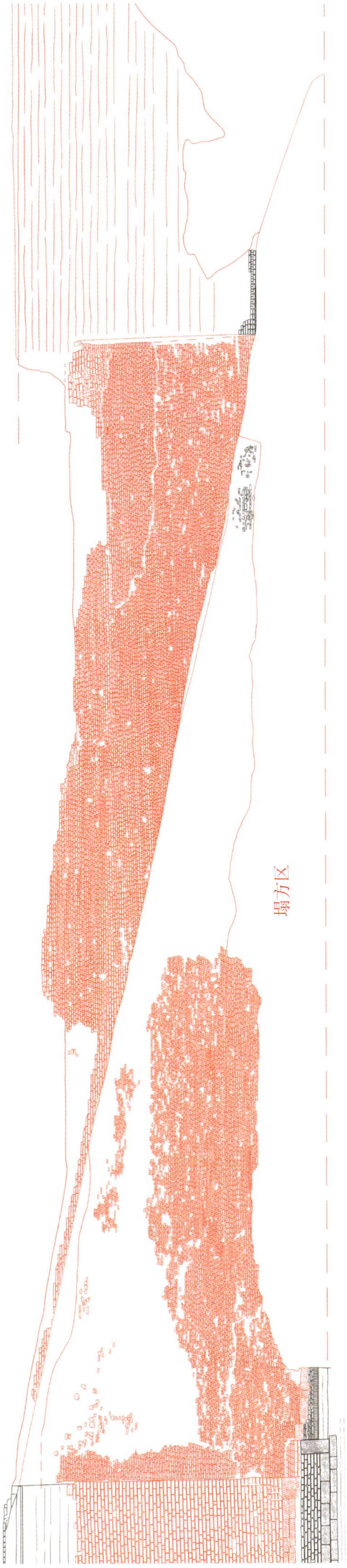

2. 一期南接主城门城墙西立面示意图

图 4-25　一期南接主城门城墙

质灰陶砖错十字缝铺砌，白灰膏砌筑，白灰浆灌注，白灰勾缝，用砖规格为 32 厘米 ×16 厘米 ×5 厘米；下层为垫砖层，由泥质灰陶砖错缝平铺，白灰膏砌筑，白灰浆灌注，用砖规格为 30 厘米 ×15 厘米 ×5 厘米和 32 厘米 ×16 厘米 ×5 厘米，大部分为残砖。铺砖层下部有防水灰土垫层，厚 30 厘米，由 3∶7 灰土夯筑两层，夯层厚 15 厘米。

1.4.2 城墙外包砖墙

城墙墙芯外侧为外包砖墙。西立面的外包砖墙由北向南仅砌筑至马道平台，马道平台以南的城墙墙体西侧没有包砖。外包砖墙南北长 40、南部最高处残高 6、厚 1 米。外包砖墙由泥质灰陶砖错缝垒砌，白灰膏砌筑，白灰浆灌注，用砖规格多为 30 厘米 ×15 厘米 ×5 厘米和 32 厘米 ×16 厘米 ×5 厘米两种，部分为残砖。

1.4.3 城墙填芯

城墙填芯为 3∶7 灰土夯筑，夯层厚度为 15—25 厘米不等（图 4–27、4–28）。南接主城门城墙北段有包砖墙的部位夯土墙芯保存较好，南段无包砖墙部位夯土墙芯保存状况一般。其中底部马道以南的夯土墙体因夯土缺失，形成了长 18.8、高 6.7 米的空洞区，清理时为防止坍塌，保留了空洞区内填充的毛石和杂土。

城墙底部被一期南接主城门马道叠压，底部基础及散水砌筑方式和保存状况不详。

东立面被 4 号山山体占压，未做清理，保存状况不详。

1.5 北接主城门城墙

一期北接主城门城墙清理部分南北长 62.6、中部最高处残高 7.18、北端最低处残高 2.1 米。仅残存外包砖墙、城墙填芯，未发现海墁地面、垛口、女儿墙、散水等建筑遗存（图 4–29）。

1.5.1 城墙外包砖墙

城墙墙芯外侧有外包砖墙，西立面的外包砖墙由南向北仅砌筑至马道平台，马道平台以南的城墙墙体西

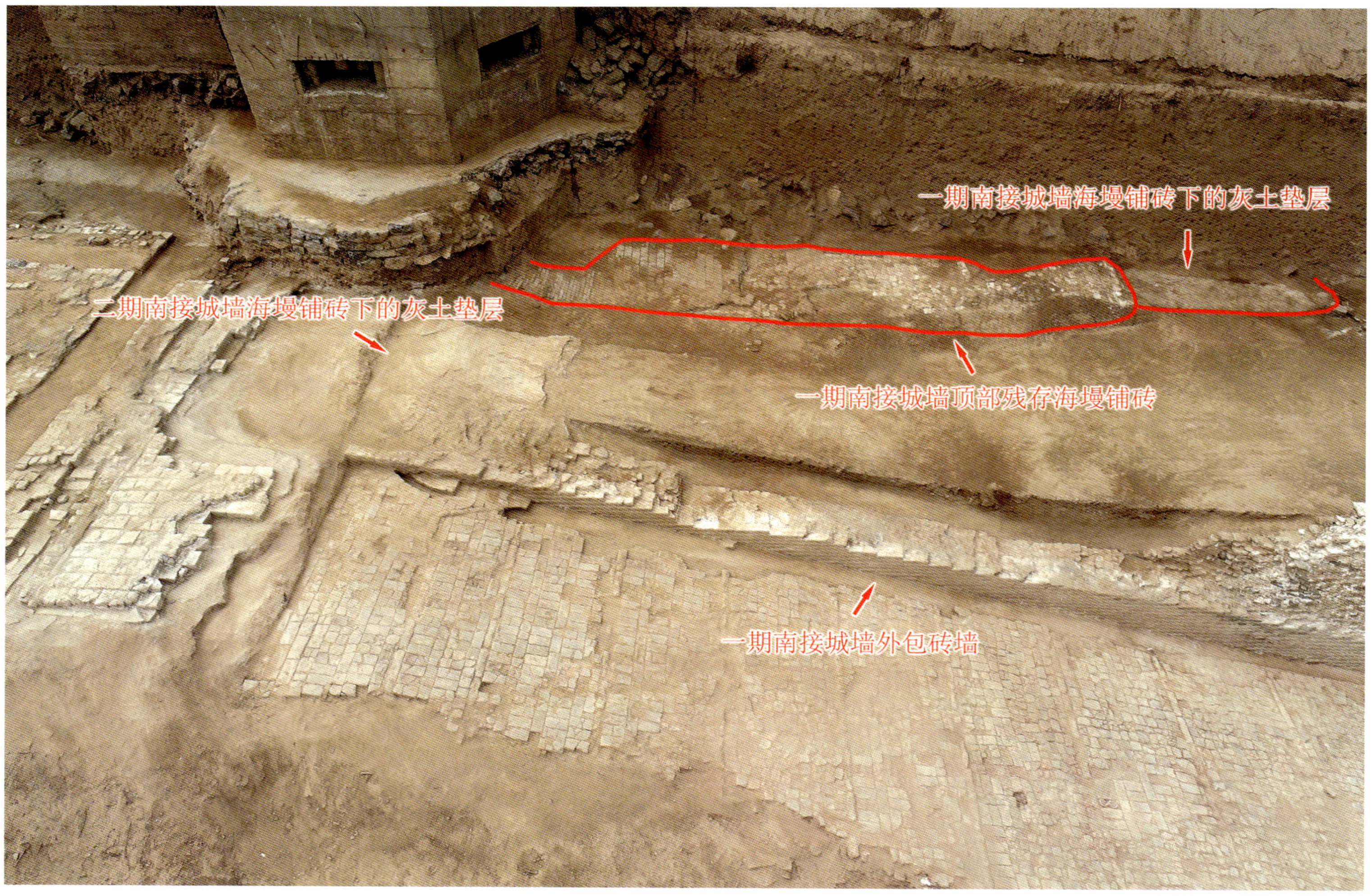

图 4–26　一期南接主城门城墙顶部海墁

图 4-27　一期南接主城门城墙墙体（局部）

图 4-28　一期南接主城门城墙夯土

1. 一期北接主城门城墙

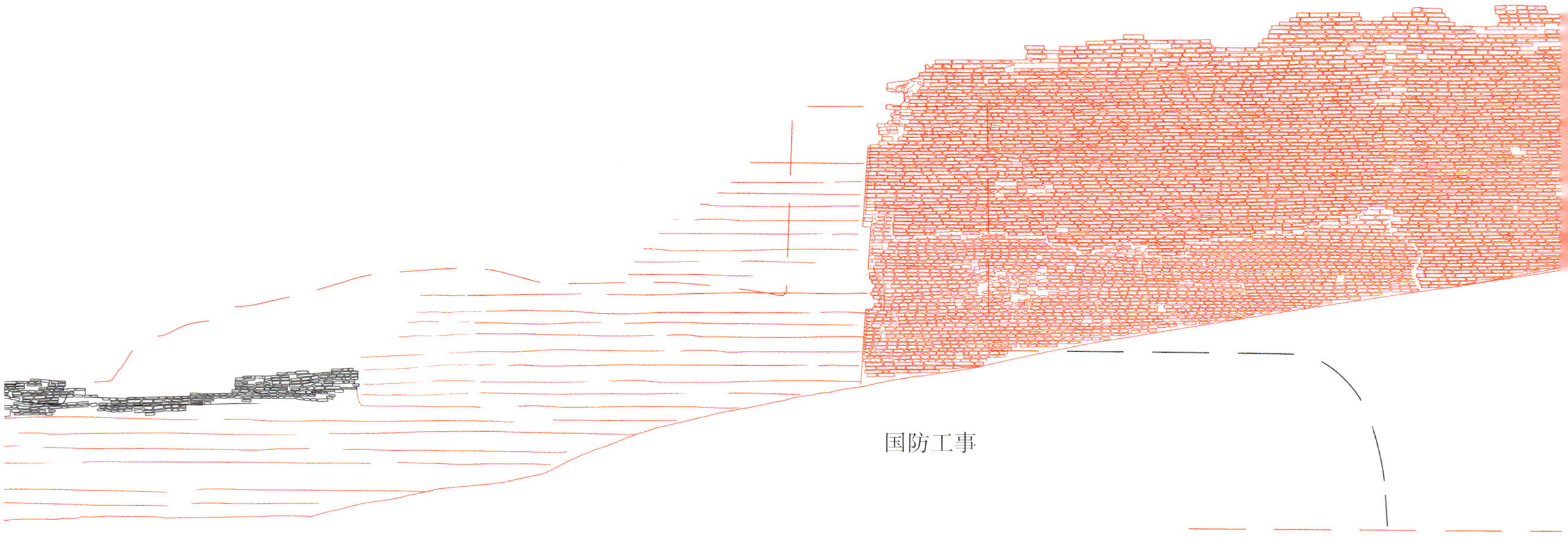

图 4–29　一期北接主城门城墙

侧没有包砖。外包砖墙南北长 37、南部最高处残高 8.68、厚 1 米。外包砖墙由泥质灰陶砖错缝垒砌，白灰膏砌筑，白灰浆灌注，白灰勾缝，用砖规格多为 30 厘米 ×15 厘米 ×5 厘米和 32 厘米 ×16 厘米 ×5 厘米两种，部分为残砖。

1.5.2 城墙填芯

清理北接主城门城墙上部杂土和毛石覆盖层后，夯土填芯外露。城墙填芯为 3∶7 灰土夯筑，夯层厚度为 15—25 厘米不等（图 4-30、4-31）。北接主城门城墙南段有包砖墙部位的夯土墙芯保存较好，北段无包砖墙部位的夯土墙芯保存状况一般。其中底部马道以北的夯土墙体因夯土缺失，形成了长 17.8、高 2.1 米的空洞区，空洞区内上部为城墙废弃堆积，下部被泥质灰陶残砖填砌，填砌年代不详。

城墙底部被一期北接主城门马道叠压，底部基础及散水砌筑方式和保存状况不详。

东立面被 4 号山山体占压，未做清理，保存状况不详。

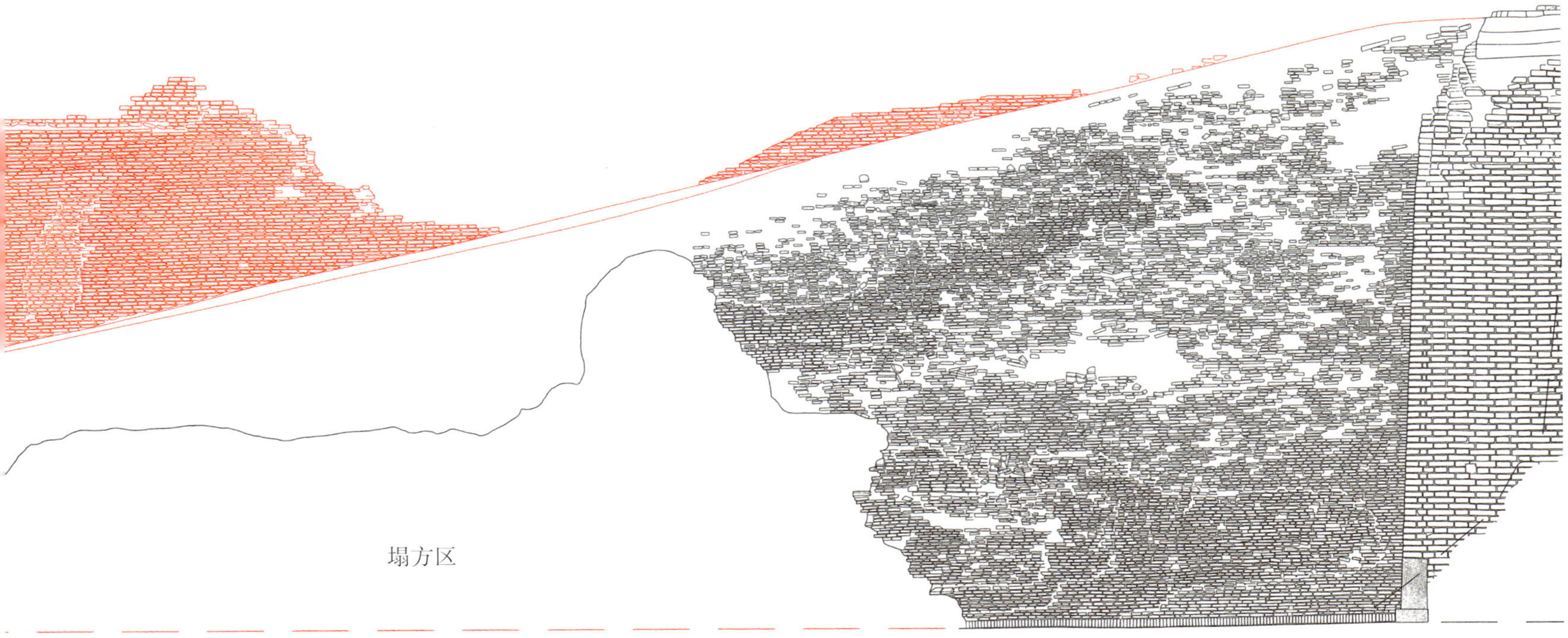

2. 一期北接主城门城墙西立面示意图

图 4-30　一期北接主城门城墙墙体（局部）

图 4-31　一期北接主城门城墙夯土

2. 二期主城系统

二期主城系统现存主城门、城台、南接主城门马道、北接主城门马道、南接主城门城墙、北接主城门城墙等六部分，结构基本完整。

2.1 主城门

主城门南北长 31、东西宽 19、残高 11.4 米。残存城台[1]、门洞、外包砖墙、城门底部角柱石、城门底部条石基础、城门底部土衬石、城门散水（图 4–32）。

2.1.1 主城门门洞

主城门为砖砌拱券形，券洞分里、外券，西面为里券，东面为外券。里券形制为五伏五券式，总高 6.8、平水墙高 5.6、券高 1.2、宽 4.73 米。券砖未经砍磨，灰缝上宽下窄，且上部揳有不规则形状铁片，由素面泥质灰陶砖垒砌，白灰膏砌筑，白灰浆灌注，白灰勾缝（图 4–33）。券砖和伏砖规格均为 34 厘米 ×17 厘米 ×6 厘米（图 4–34、4–35）。平水墙被工事主巷道占压，砌筑方式和保存状况不详。

外券被 4 号山山体占压，未做清理，保存状况不详。

工事主巷道从门洞内穿过，巷道与门洞之间为毛石填充，用水泥砂浆砌筑，门洞内部结构和地面保存状况不详。

2.1.2 外包砖墙

二期主城门外包砖墙贴附在一期主城门外包砖墙之外，顶部和西南角保存较差，残存外包砖墙顶部南北长 29.83、残高 8.45、厚 1 米，收分 10%。由泥质灰陶砖一顺一丁错缝垒砌，白灰膏砌筑，白灰浆灌注，白灰勾缝，用砖规格为 47 厘米 ×23 厘米 ×10 厘米。

2.1.3 城门底部角柱石

城门底部西南角、西北角各有角柱石一块，均为青石材质（图 4–36）。砌筑方式为白灰膏砌筑，白灰浆灌注，白灰勾缝。西南角角柱石顶部存在缺棱掉角的现象，西立面饰“一寸三錾”人字纹，南立面饰“一寸三錾”横纹，长 48、宽 48、高 93 厘米；西北角角柱石保存完好，西立面饰“一寸三錾”人字纹，北立面饰“一寸三錾”横纹，长 43、宽 44、高 88 厘米，砌筑时略向东倾斜。

2.1.4 城门底部条石基础

城门底部为条石基础，仅有一层，青石材质，饰“一寸三錾”人字纹，除一块为丁石外，其余均为顺石，丁石宽 31.4、高 33.2 厘米，长度不详；顺石长 65.3—132、高 30—33 厘米，宽度不详（图 4–37）。

2.1.5 城门底部土衬石

城门底部条石基础下为土衬石，仅有一层，金边 10 厘米，均为顺石，长 41.6—118.5、高 21.6—24 厘米，宽度不祥（图 4–37）。

2.1.6 城门散水

城门底部土衬石下为城门散水，东西残宽 10—20、厚 30 厘米，由 3 : 7 灰土夯筑两层，夯层厚 15 厘米，保存状况较差（图 4–37）。

主城门东立面被 4 号山山体占压，保存状况和砌筑方式不详。

2.2 主城门城台

主城门城台残存主城楼和城台海墁地面两部分，其中主城楼仅存台基、门道和散水，上部城楼主体缺失；城台海墁地面保存较差，部分区域仅存垫砖层和防水灰土垫层（图 4–38）。在城台外门道北侧破坏较严重部

[1] 城台为城门的一部分，二期城台保存相对较完整，另起一节叙述，特此说明。

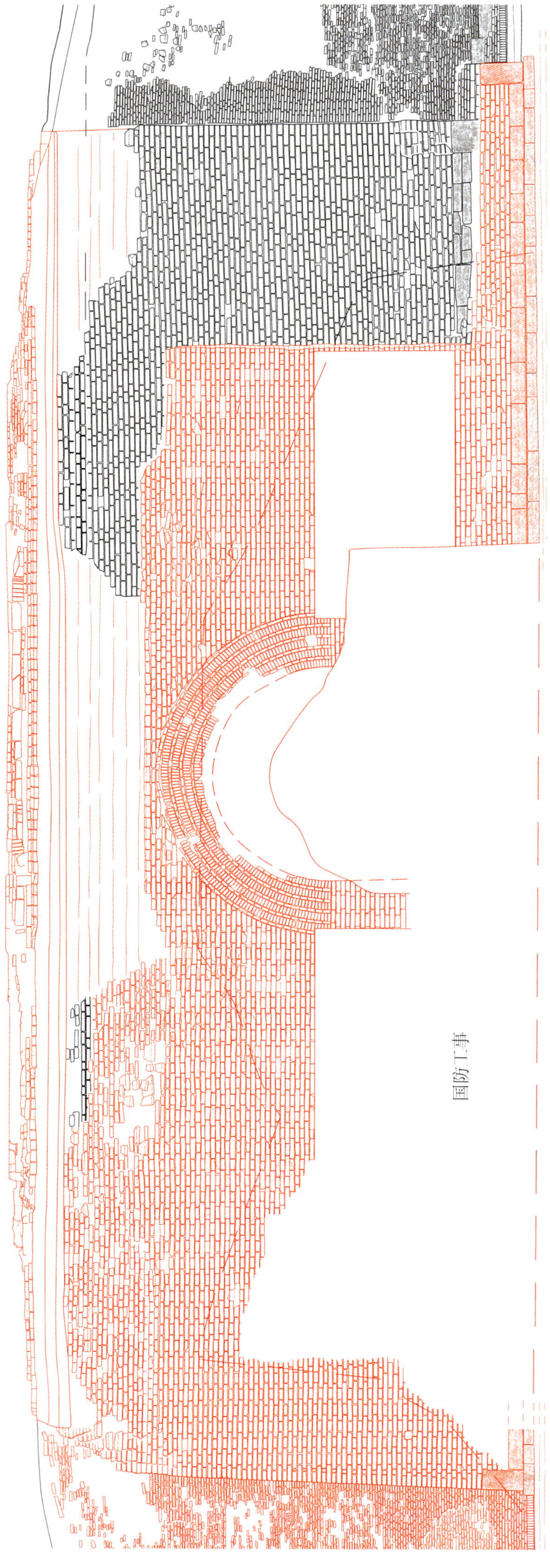

图4-32　二期主城门西立面示意图

图 4-33 二期主城门里券券脸

图 4-34 门洞拱券铁片

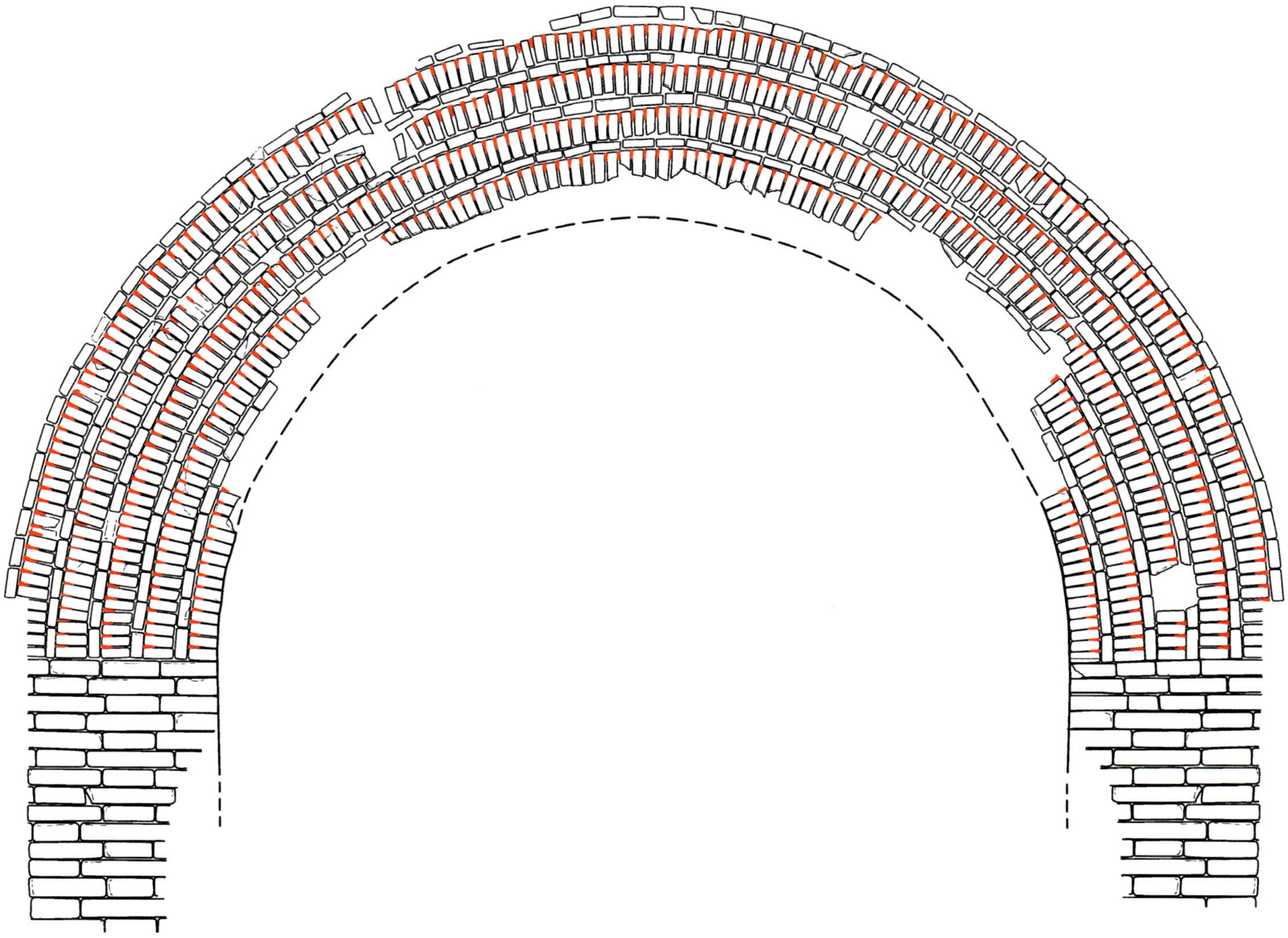

图 4-35　门洞拱券铁片位置示意图

图 4-36　城门底部西北角角柱石（左）与西南角角柱石（右）

图 4-37 二期主城门条石基础、土衬石及散水

位布了一条 80 厘米 ×150 厘米的探沟（TG1）。

2.2.1 主城楼

主城楼仅存台基、门道和散水。

2.2.1.1 主城楼台基

主城楼台基清理部分南北长 22、东西宽 10 米。主城楼台基部分仅存磉墩[1]、拦土墙[2]。根据残存磉墩数量和位置推断城楼面阔五间，进深两间。

城楼磉墩

磉墩分为四角檐磉墩、檐磉墩、四角金磉墩、金磉墩四类，均为泥质灰陶砖垒砌（图 4-39、4-40）。

四角檐磉墩 4 个。上部柱顶石遗失，东西长 94、南北宽 86 厘米，泥质灰陶砖错缝垒砌，灰土砌筑，碎砖填芯。用砖规格有 30 厘米 ×15 厘米 ×5 厘米和 32 厘米 ×16 厘米 ×5 厘米两种，纹饰为素面和勾纹。

檐磉墩 18 个。上部柱顶石遗失，南北长 98、东西宽 65 厘米，泥质灰陶砖错缝垒砌，灰土砌筑，碎砖填芯。用砖规格有 30 厘米 ×15 厘米 ×5 厘米和 32 厘米 ×16 厘米 ×5 厘米两种，纹饰有素面、勾纹和绳纹三种。

四角金磉墩 4 个。上部柱顶石遗失，东西长 100、南北宽 85 厘米，泥质灰陶砖错缝垒砌，灰土砌筑，碎砖填芯。用砖规格为 32 厘米 ×16 厘米 ×5 厘米，纹饰有素面、勾纹和绳纹三种。

[1] 磉墩是支承柱顶石的独立基础砌体，金柱下的称为“金磉墩”，檐柱下的称为“檐磉墩”。参见刘大可：《中国古建筑瓦石营法》（第二版），北京：中国建筑工业出版社，2015 年。台基四个角的磉墩尺寸有别于其他磉墩，为便于区分描述，本书简称“四角金磉墩”和“四角檐磉墩”，特此说明。

[2] 磉墩之间砌筑的墙体称为“拦土”，通常先码磉墩，后砌拦土。参见刘大可：《中国古建筑瓦石营法》（第二版），北京：中国建筑工业出版社，2015 年。

图 4-38　二期城台

金磉墩 10 个。上部柱顶石遗失，南北长 100、东西宽 65 厘米，泥质灰陶砖错缝垒砌，灰土砌筑，碎砖填芯。用砖规格为 32 厘米 ×16 厘米 ×5 厘米，纹饰有素面、勾纹和绳纹三种。

城楼拦土墙

拦土墙由泥质灰陶残砖错缝垒砌，灰土砌筑，碎砖填芯，纹饰多为素面，也有少量勾纹和绳纹，用砖规格为宽 16、厚 7 厘米，长度不详（图 4-41）。其中檐部明间拦土墙南北长 3.2、东西宽 0.65 米；檐部次间拦土墙南北长 2.55、东西宽 0.65 米；檐部稍间拦土墙南北长 2.35、东西宽 0.65 米；金部明间拦土墙南北长 3.27、东西宽 0.65 米；金部次间拦土墙南北长 3.27、东西宽 0.65 米；金部稍间拦土墙南北长 2.2、东西宽 0.65 米。

2.2.1.2 城楼门道

城台东西两侧各残存一门道，东侧门道（外门道）宽 1.9 米，西侧门道（内门道）宽 2.05 米，门道地面为两层泥质灰陶砖铺墁，白灰膏砌筑，白灰浆灌注，白灰勾缝，用砖规格为 47 厘米 ×23 厘米 ×10 厘米（图 4-42）。

2.2.1.3 城楼散水

台基外侧有散水，宽 54 厘米，泛水 5%，牙子砖顺栽，由泥质灰陶砖按照“一顺出”（一封书）形式垒砌，白灰膏砌筑，白灰浆灌注，白灰勾缝，用砖规格为 47 厘米 ×23 厘米 ×10 厘米（图 4-43）。

2.2.2 城台顶部海墁地面

城台顶部海墁地面由顶部面砖层、底部垫砖层和防水灰土垫层三层组成，南北残长 28.24、东西残宽 16.36 米，地面泛水 3%，泛水方向由城台中心向四周。由泥质灰陶砖错十字缝平铺垒砌，白灰膏砌筑，白灰浆灌注，白灰勾缝，用砖规格为 47 厘米 ×23 厘米 ×10 厘米。防水灰土垫层厚 50 厘米，由 3∶7 灰土夯筑，

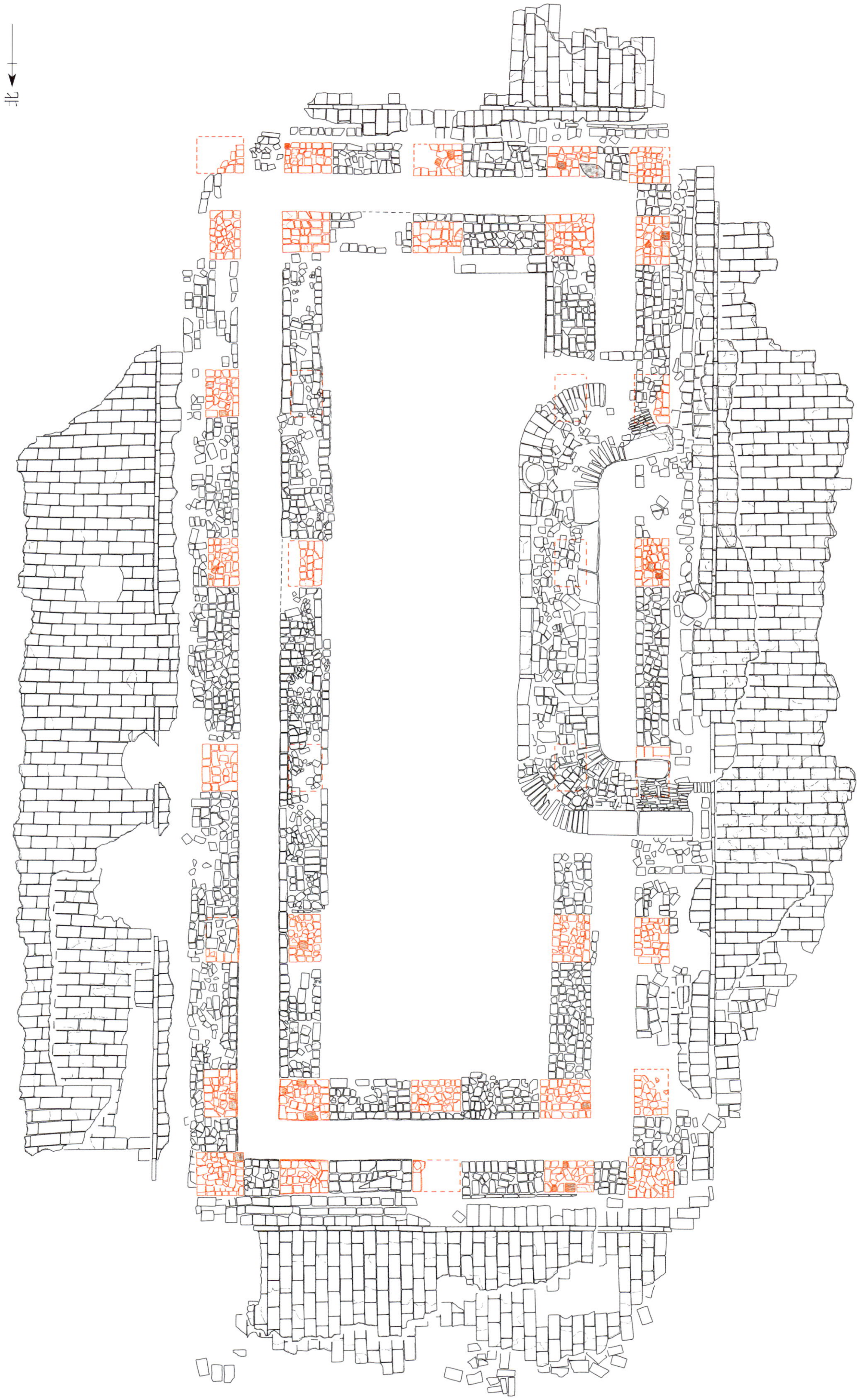

图 4-39　磉墩位置示意图

图 4-40　部分磉墩

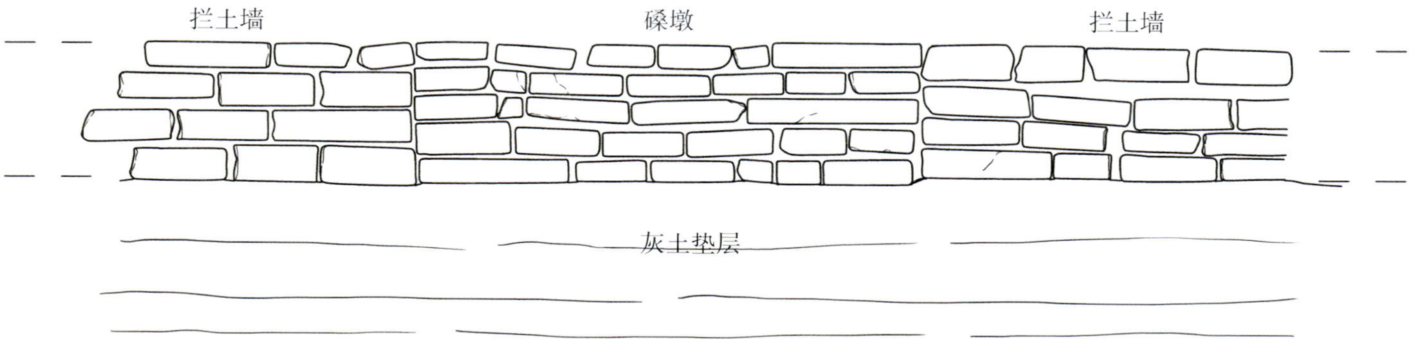

图 4-41　磉墩、拦土墙剖面示意图

图 4-42　城楼门道

图 4-43　城楼散水

分为3层，上层23、中间层17、下层10厘米（图4-44）。

2.3 南接主城门马道

二期南接主城门马道是在一期南接主城门马道基础上做的修补，破坏较为严重，分为顶部马道、马道平台和底部马道三部分（图4-45、4-46）。

顶部马道地面破坏严重，仅存与城台连接处的马道地面防水灰土垫层，残长0.5、残宽7米，由3∶7灰土夯筑两层，夯层厚15厘米，垫层上部铺砖层缺失。

马道平台仅在东部紧贴城墙处残存小部分地面铺砖，残长3.46、残宽1.1、厚0.12米，地面铺砖分顶部面砖层和底部垫砖层两层，由泥质灰陶砖错缝平铺垒砌，砌筑方式均为白灰膏砌筑，白灰浆灌注，白灰勾缝，用砖规格为32厘米×16厘米×5厘米。铺砖地面下部为防水灰土垫层，残长3.94、残宽3.7、厚0.3米，由3∶7灰土夯筑两层，夯层厚15厘米。马道平台东部紧贴城墙夯土处有一行南北向陡砌的甃砖，残长3.4米（图4-47）。

底部马道铺砖地面缺失，仅存防水灰土垫层，厚30厘米，由3∶7灰土夯筑两层，夯层厚15厘米。

二期南接主城门马道西立面外包砖墙沿用一期南接主城门马道外包砖墙。

2.4 北接主城门马道

二期北接主城门马道是在一期北接主城门马道基础上做的修补，破坏较为严重，仅存部分顶部马道，马道平台和底部马道被国防工事破坏，后期填充毛石、碎砖块等（图4-48、4-49）。

顶部马道残长13.7、顶部残宽4.8、底部残宽4.6、残存高度6.7—9米，坡度12°，收分12%。顶部马道地面破坏严重，地面铺砖层缺失，仅存防水灰土垫层，厚30厘米，由3∶7灰土夯筑两层，夯层厚15厘米

图4-44　城台顶部海墁地面

1. 二期南接主城门马道

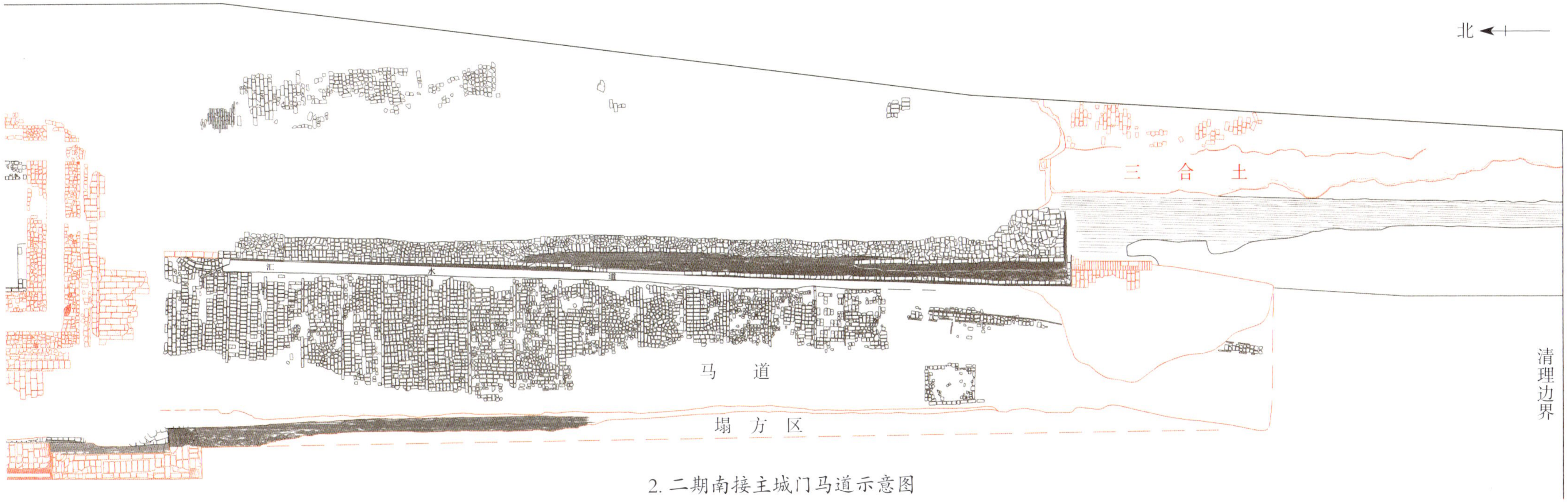

2. 二期南接主城门马道示意图

图 4-45　二期南接主城门马道

1. 二期南接主城门马道西立面

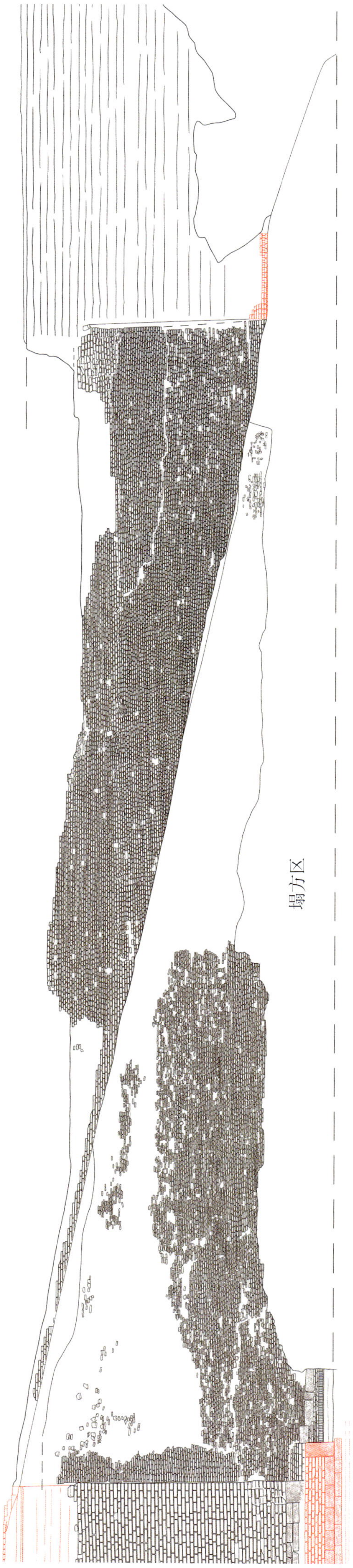

2. 二期南接主城门马道西立面示意图

图4-46　二期南接主城门马道西立面

1. 二期南接主城门马道平台地面铺砖

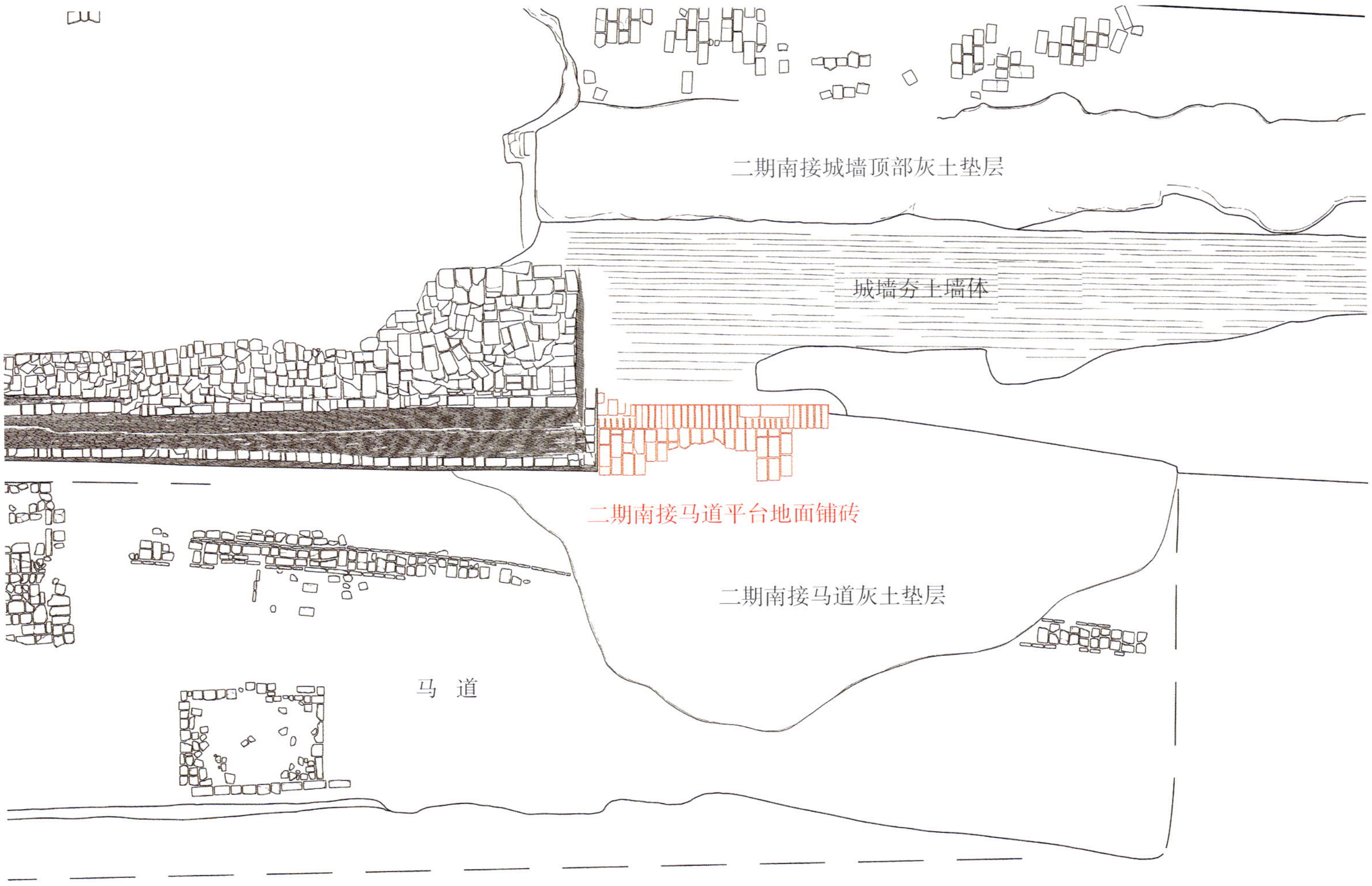

2. 二期南接主城门马道平台地面铺砖示意图

图 4–47　二期南接主城门马道平台地面铺砖

1. 二期北接主城门马道

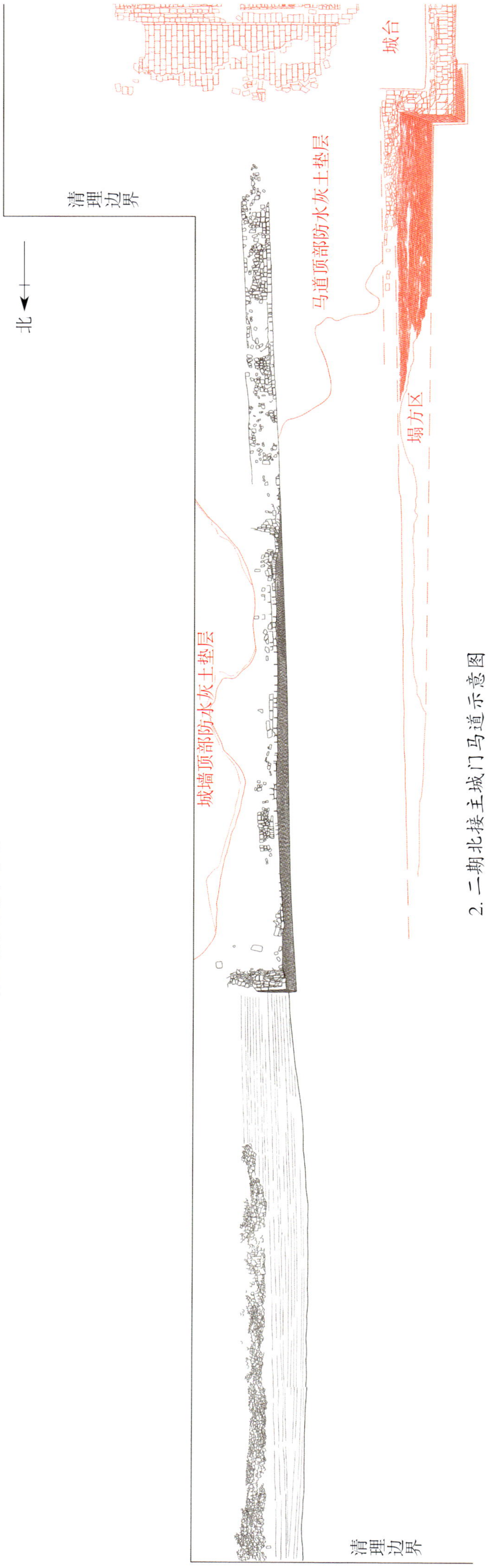

2. 二期北接主城门马道示意图

图 4-48　二期北接主城门马道

1. 二期北接主城门马道西立面

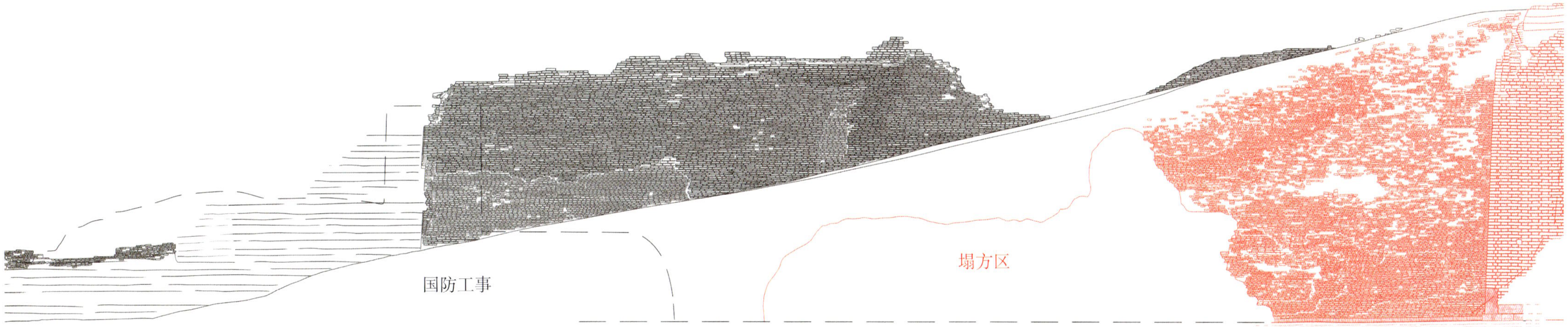

2. 二期北接主城门马道西立面示意图

图 4-49　二期北接主城门马道西立面

图 4-50　二期北接主城门马道顶部残存的灰土垫层

（图 4-50）。

2.4.1 马道外包砖墙

北接主城门马道墙芯为 3∶7 灰土夯筑，夯层厚度 15—25 厘米。

北接主城门马道西立面在一期北接主城门马道外侧增加一层包砖墙。包砖墙保存较差，仅存少量完整面砖和填芯砖，大部分面砖残破、脱落遗失。距主城门北 7.37 米至马道最北端处，包砖墙全部缺失，填芯夯土少量缺失，形成空洞，该区域后期修筑工事时回填了毛石和杂土，为防止局部发生坍塌未做清理，保留其现状。包砖墙残厚 0.33 米，由泥质灰陶砖一顺一丁错缝垒砌，白灰膏砌筑，白灰浆灌注，白灰勾缝，用砖规格有 30 厘米 ×15 厘米 ×5 厘米和 32 厘米 ×16 厘米 ×5 厘米两种。

2.4.2 马道甃砖基础

北接主城门马道包砖墙底部为甃砖基础，由泥质灰陶砖南北向甃砌一行，砌筑方式为白灰膏砌筑，白灰浆灌注，白灰勾缝，用砖规格为 32 厘米 ×16 厘米 ×5 厘米。基础甃砖风化、酥碱、缺棱、掉角病害严重（图 4-51）。

2.4.3 马道散水

甃砖基础底部为马道散水，破坏严重，边界模糊，表面酥化、剥落严重。残宽 5—10、厚 30 厘米，由 3∶7 灰土夯筑两层，夯层厚 15 厘米，与主城门散水为一体。

2.5 南接主城门城墙

二期南接主城门城墙在一期南接主城门城墙的海墁地面基础上加高 1.5 米，在顶部铺设海墁地面，对整个城墙主体未做改动（图 4-52）。

二期南接主城门城墙清理部分南北长 60、北侧残宽 7.7、南侧残宽 3.7、南端最高处残高 9.88 米。残存

图 4–51　二期北接主城门马道甃砖基础（局部）

图 4–52　二期南接主城门城墙（局部）

部分海墁地面、外包砖墙、城墙填芯，未发现垛口、女儿墙、散水等建筑遗存。

2.5.1 城墙顶部海墁地面

城墙顶部海墁破坏严重，仅在清理范围南端残存一处不规则海墁地面，残长 8、残宽 2.3。海墁地面仅存一层垫砖层和防水灰土垫层，面砖层缺失。垫砖层由泥质灰陶砖铺砌，铺砖方向为东西向，白灰膏砌筑，白灰浆灌注，白灰勾缝，用砖规格为 32 厘米 ×16 厘米 ×5 厘米。防水灰土垫层厚 50 厘米，由 3∶7 灰土夯筑三层，上层 23、中间层 17、下层 10 厘米。

2.5.2 城墙外包砖墙

二期南接主城门城墙外包砖墙沿用一期南接主城门城墙外包砖墙。

2.5.3 城墙填芯

二期南接主城门城墙填芯沿用一期南接主城门城墙填芯。

城墙底部被一期南接主城门马道所叠压，底部基础砌筑方式和保存状况不详。

东立面被 4 号山山体占压，未做清理，保存状况不详。

2.6 北接主城门城墙

二期北接主城门城墙在一期北接主城门城墙的海墁地面加高 1.5 米，在顶部铺设海墁地面，对整个城墙主体未做改动（图 4–53）。

二期北接主城门城墙清理部分南北长 62.6、中部最高处残高 8.68 米。仅残存海墁地面、外包砖墙、城墙填芯，未发现垛口、女儿墙、散水等建筑遗存。

2.6.1 城墙顶部海墁地面

城墙顶部海墁破坏严重，在城墙外包砖墙的范围内残存一处不规则海墁地面，海墁地面仅存防水灰土垫层，残长 20.2、残宽 2.8、厚 0.5 米，由 3∶7 灰土夯筑三层，上层 23、中间层 17、下层 10 厘米。

2.6.2 城墙外包砖墙

二期北接主城门城墙外包砖墙沿用一期北接主城门城墙外包砖墙。

图 4–53 二期北接主城门城墙（局部）

2.6.3 城墙填芯

二期北接主城门城墙填芯沿用一期北接主城门城墙填芯。

东立面被 4 号山山体占压，未做清理，保存状况不详。

3. 二期后主城系统

在清理过程中，发现主城系统中有部分建筑遗存应为二期之后所修筑，包括主城楼台基上部建筑基址、主城门南侧部分建筑遗存、南接主城门顶部马道残存建筑基址和北接主城门城墙上部砌砖等。

3.1 主城楼台基上部建筑基址

主城楼台基上部残存一处建筑基址，叠压二期主城楼台基基础。此建筑基址分为两部分，中间砖石砌“︿”形基础墙体与周边砌砖基础（图 4–54）。

“︿”形基础墙体南北长 9.3、东西宽 3.5、厚 1.55 米，清理高度 0.24 米，未到底，由泥质灰陶砖和石料垒砌，白灰膏砌筑，白灰浆灌注，弧形转角处由泥质灰陶砖甃砌，所用填芯石料中有两块柱顶石，鼓镜直径 39 厘米，也有若干錾痕明显的石构件（图 4–54）。

周边砌砖基础，由泥质灰陶砖直接错缝垒砌于二期主城楼残存台基之上，叠压磉墩和拦土墙，白灰膏砌筑，白灰浆灌注。

此两部分建筑基址用途不详。

3.2 主城门南侧部分建筑遗存

二期后，主城门门洞南侧部分整体抬升。在主城门门洞南侧条石基础外部和南接主城门马道条石基础外部重新夯筑灰土散水，厚 30 厘米，由 3∶7 灰土夯筑两层，夯层厚 15 厘米，散水高度与二期主城门条石基础上部齐平。

南接主城门马道条石基础外，砌有一处外包砖墙，残高 0.5 米。底部砌一行甃砖作基础，白灰膏砌筑，白灰浆灌注，白灰勾缝，甃砖规格为 30 厘米 ×15 厘米 ×5 厘米；上部错缝平铺泥质灰陶砖，白灰膏砌筑，白灰浆灌注，白灰勾缝，用砖规格为 30 厘米 ×15 厘米 ×5 厘米，最高处残存 6 行（图 4–55、4–56）。

3.3 南接主城门马道顶部建筑基址

南接主城门马道顶部南侧残存一处建筑基址，打破一期南接主城门马道顶部铺砖地面。此建筑基址平面呈长方形，南北长 2.11、东西宽 1.6 米。由泥质灰陶砖平铺垒砌，整边向外，残边向内，内部有散落的残砖，3∶7 灰土砌筑，用砖均为碎砖，残长 16—20、宽 14—17 厘米，厚度不详（图 4–57、4–58）。为保存南接主城门马道顶部完整性，仅清理出残存基址上部面砖层，未清理至底，基址年代及用途不详。

3.4 北接主城门城墙上部砌砖

北接主城门城墙上部有一砌砖层，位于主城台以北 44 米处，叠压在二期北接主城门城墙夯土层之上。砌砖层残长 18、高 1.3 米，北部延伸入探方北壁，东部延伸入探方东壁，由泥质灰陶残砖错缝垒砌，3∶7 灰土砌筑，灰土灌注，底部随城墙残存夯层呈北低南高走势，砌砖不规整（图 4–59）。

1. 二期后“︵”形基础墙体与周边砌砖基础

2. 二期后“︵”形基础墙体

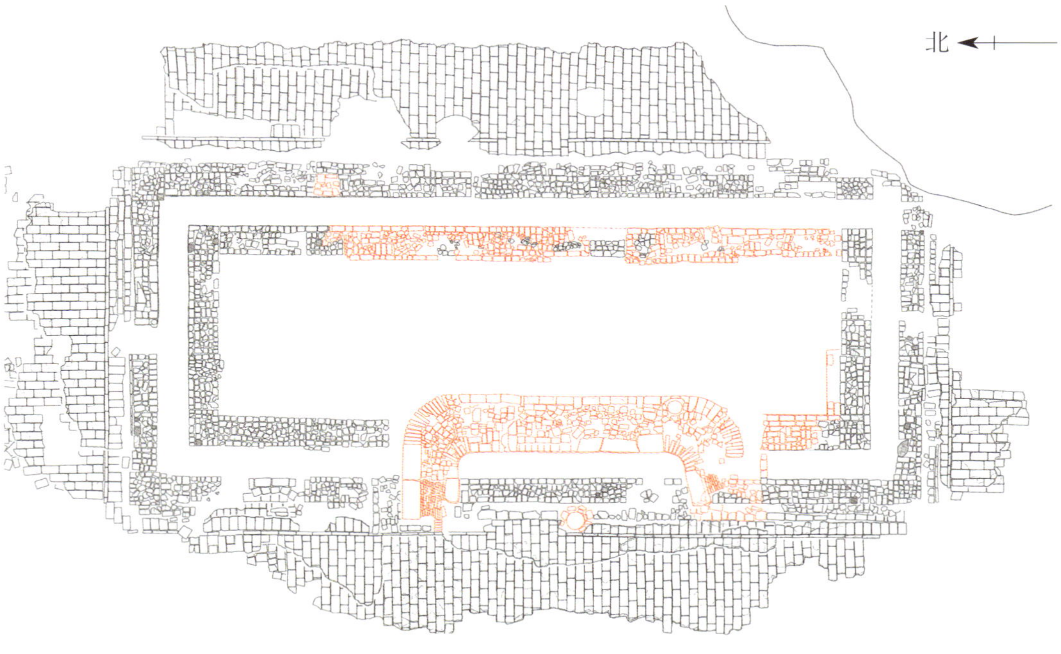

3. 二期后“︵”形基础墙体与周边砌砖基础示意图

图 4–54　二期后“︵”形基础墙体与周边砌砖基础

图 4–55　二期后南接主城门马道外包砖墙

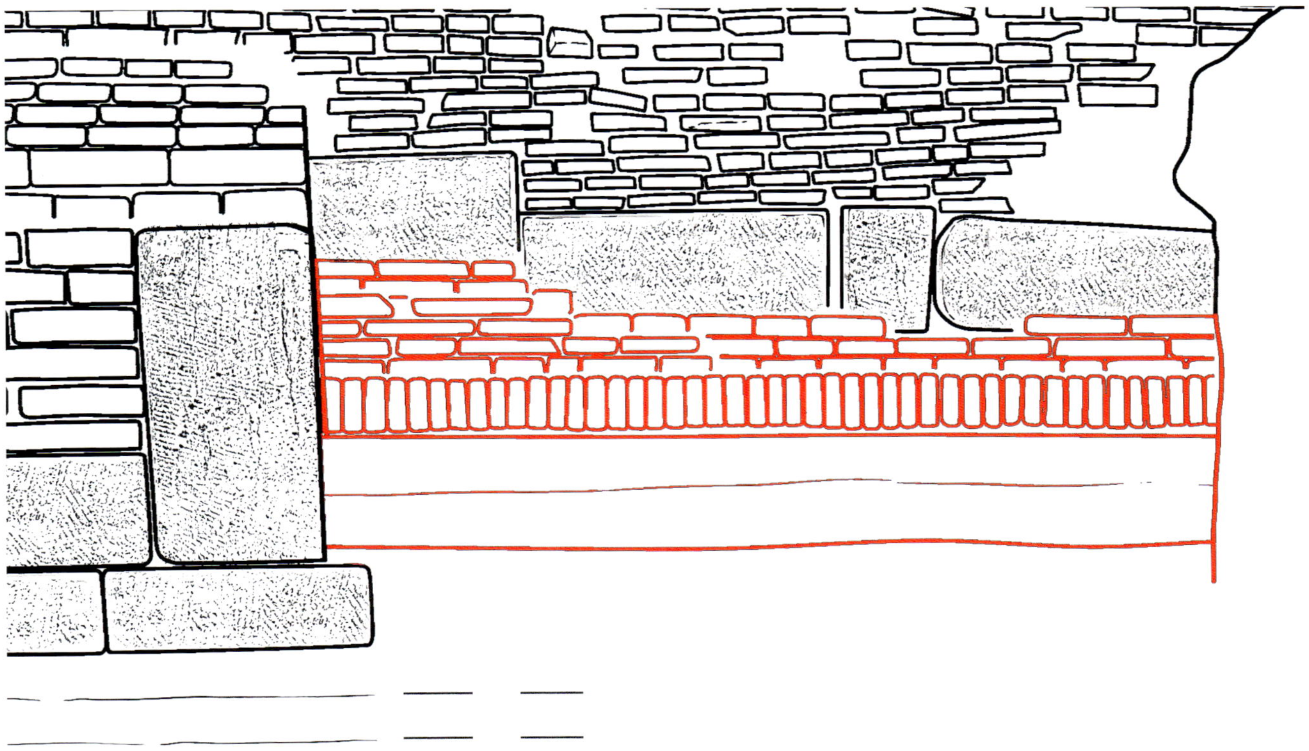

图 4–56　二期后南接主城门马道外包砖墙示意图

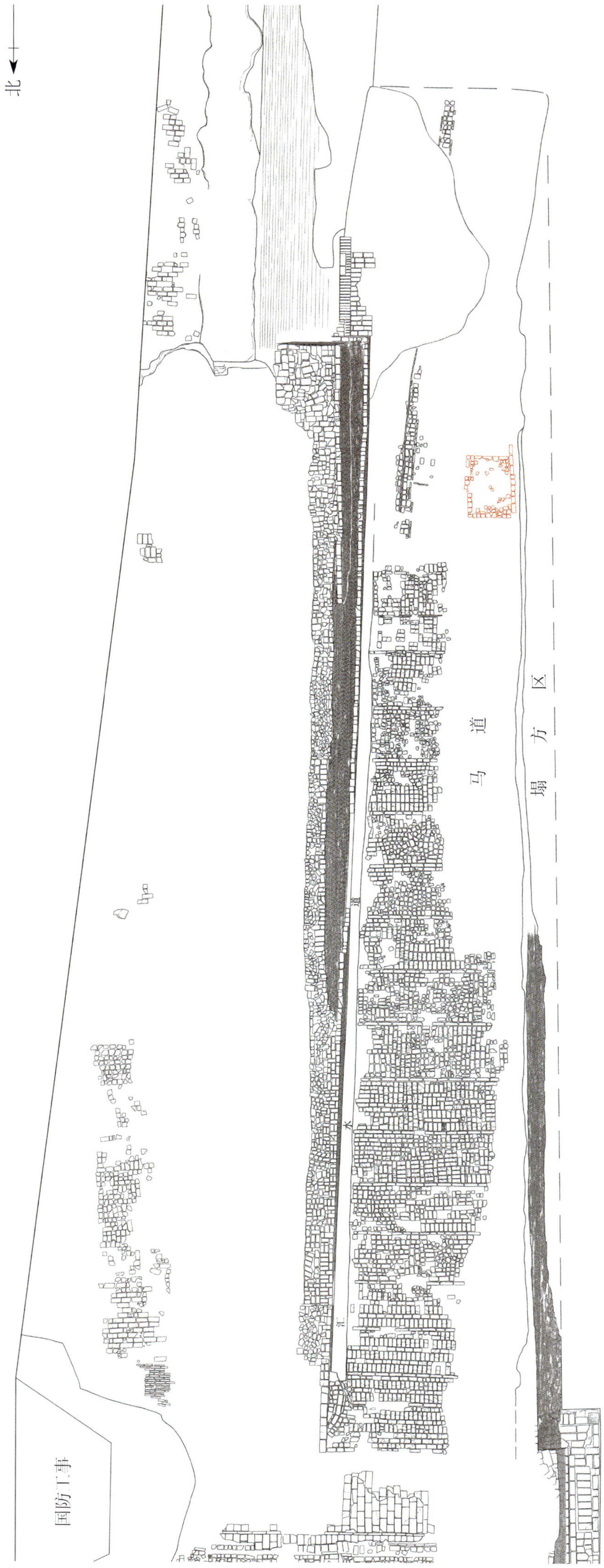

图 4-57 二期后南接主城门马道顶部建筑基址位置示意图

图 4-58　二期后南接主城门马道顶部建筑基址

图 4-59　二期后北接主城门城墙上部砌砖层

第三节 月城系统

月城系统位于4号山东部，南北走向，根据前期勘探基本厘清了月城系统的位置和基本布局。在月城城门及其南侧共布设10米×10米探方12个，清理总面积（布设探方面积）1150平方米。

受国防工事占压影响，仅清理出了部分月城城门、部分南接月城城门城墙和部分北接月城城门城墙（图4-60）。

1. 一期月城系统

一期月城系统仅清理了月城城门和南接月城城门城墙两部分，北接月城城门城墙被国防工事占压，未做清理，砌筑方式和保存状况不详。

1.1 月城城门

一期月城城门清理了东立面和南立面，清理部分南北残长16.32、东西宽13、残高0.8—1米，面积212.16平方米。仅存底部条石基础、散水，未清理门道。

1.1.1 城门东立面条石基础

东立面条石基础残高61.3厘米。

门道南侧残存三层，北侧残存两层，均为青石材质（图4-61）。

门道南侧上层条石基础长34.2—100.2、高20.6—21.9厘米，宽度不详，均饰“一寸三錾”竖纹錾道纹饰；第二层条石基础长37.8—88、高10—18厘米，宽度不详，除五块条石饰有“一寸三錾”竖纹錾道外，其余均为素面；底层条石基础长33—70.3、高13—20.2厘米，宽度不详，除三块条石饰有“一寸三錾”竖纹錾道外，

图4-60 月城系统全貌影像图

1. 一期月城城门东立面

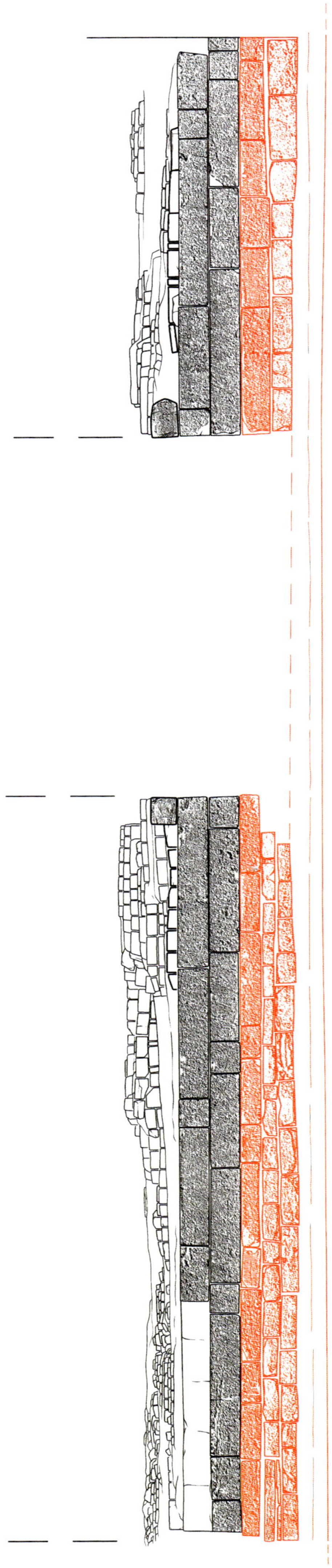

2. 一期月城城门东立面示意图

图 4–61　一期月城城门东立面

其余均为素面。

门道北侧上层条石基础长50—120、高21—23厘米，宽度不详，除一块饰“一寸三錾”斜纹錾道外，其余均饰“一寸三錾”竖纹錾道纹饰；下层条石基础长25—62、高20—30.5厘米，宽度不详，除一块条石饰“一寸两錾”斜纹錾道，四块条石饰有“一寸三錾”竖纹錾道外，其余均为素面。

东立面条石规整，有白灰浆勾缝痕迹，灰缝均匀，局部缝隙用碎石片填塞找平，做工较为讲究，少数条石有掉角和贯穿裂缝病害，保存状况较好。

1.1.2 城门南立面条石基础

南立面条石基础残高80厘米，残存六层（图4-62）。

南立面上层条石长25.8—59、高6.2—23厘米，宽度不详，中部三块为砂岩，其余为青石，均为素面；第二层条石长29.4—51.2、高8.3—20.7厘米，宽度不详，青石材质，除一块饰有“一寸三錾”人字纹、两块饰有“一寸两錾”竖纹之外，其余为素面；第三层条石长28.6—68、高9.2—23厘米，宽度不详，一块为砂岩材质，其余为青石材质，除一块磨光、四块饰有“一寸三錾”斜纹外，其余均为素面；第四层条石长35—95、高10—18.5厘米，宽度不详，最南端一块为砂岩，其余均为青石，其中一块为“一寸三錾”人字纹、一块为“一寸两錾”斜纹，其余为素面；第五层条石长30—67.7、高10.5—15.8厘米，宽度不详，青石材质，其中一块为“一寸三錾”斜纹、四块为“一寸两錾”斜纹，其余均为素面；底层条石基础长30—70、高5.2—20.3厘米，青石材质，五块为“一寸两錾”斜纹，其余均为素面。

南立面条石不规整且用料有砂岩，亦有青石，灰缝宽窄不一，做工粗糙，条石有掉角、贯穿裂缝病害，其中砂岩材质基础条石有风化、酥碱、剥落等病害现象。

1.1.3 城门散水

月城城门外侧有散水，散水边界不明显，残宽60—80、厚30厘米，泛水3%，由3∶7灰土夯筑，夯筑两层，夯层厚15厘米。存在风化、酥碱、贯穿裂缝、剥落等病害现象，保存状况一般。

一期月城城门主体被二期月城城门条石基础所叠压，城门内部结构和保存状况不详。

1.2 南接月城城门城墙

南接月城城门城墙总体呈西南走向，方向237°，与城门内侧夹角为53°。清理部分南北长16.17、残高0.76米，宽度不详。仅残存外包砖墙、甃砖基础、散水，未发现海墁地面、垛口、女儿墙等建筑遗存（图4-63）。

1.2.1 城墙外包砖墙

南接月城城门城墙外包墙砖残存9行，墙体收分16%，被二期南接月城城门城墙叠压。外包砖墙由泥质灰陶砖和少量泥质红陶砖一顺一丁错缝砌筑，白灰膏砌筑，白灰浆灌注，白灰勾缝，灰缝1—1.5厘米，用砖规格为30厘米×14厘米×5厘米。包砖墙体有风化、酥碱现象，泥质灰陶砖和泥质红陶砖掉角等病害严重，风化酥碱深度为1.5厘米。部分外包砖墙和夯土缺失，整体保存状况一般（图4-64）。

1.2.2 城墙甃砖基础

城墙底部为甃砖基础，基础高23厘米，基础放脚6—10厘米，由泥质灰陶素面砖垒砌，白灰膏砌筑，白灰浆灌注，白灰勾缝，灰缝1—1.5厘米，用砖规格为47厘米×23厘米×10厘米，甃砖风化、酥碱、掉角等病害严重，局部有灰浆和甃砖缺失现象（图4-64）。

1.2.3 城墙散水

南接月城城门城墙外侧有散水，散水边界不明显，残宽50—70、厚30厘米，泛水3%，由3∶7灰土夯筑，夯筑两层，夯层厚15厘米。存在风化、酥碱、贯穿裂缝、剥落等病害现象，保存状况一般。

城墙墙芯被二期南接月城城门城墙墙芯叠压，砌筑方式不详，保存状况不详。

1. 一期月城城门南立面

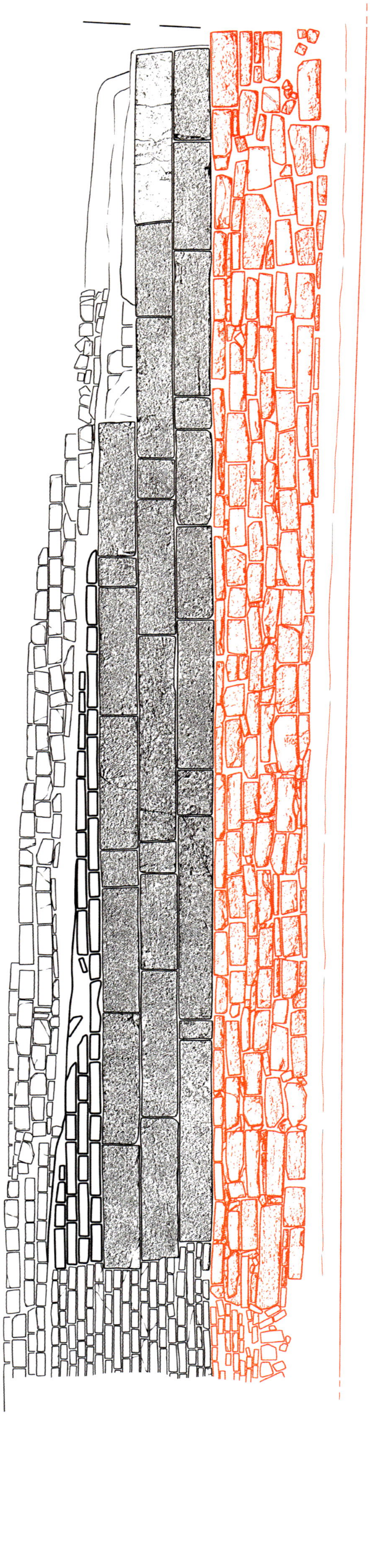

2. 一期月城城门南立面示意图

图 4-62 一期月城城门南立面

2. 二期月城系统

二期月城系统主要清理了月城城门、南接月城城门城墙和北接月城城门城墙三部分。

2.1 月城城门

修筑4号山国防工事时，二期月城城门被拆除，城门被改为上山道路。此次考古工作仅清理了东立面和南立面，残存条石基础、城门外包砖墙、城门台芯和门道四部分。经过清理，月城城门南北残长16.17、东西残宽12.74、残高0.65—1.3米。

2.1.1 城门条石基础

二期月城城门东立面和南立面的基础由三层条石构成，向内收分10—13厘米，直接砌筑于一期月城城门条石基础之上，西立面和北立面的基础未进行清理，砌筑方式和保存状况不详。条石均为青石材质，饰“一寸三錾”人字纹，砌筑方式为两顺一丁，局部有三顺一丁、一顺一丁，错缝垒砌，白灰膏砌筑，白灰浆灌注，石片背撒，白灰勾缝，灰缝1—1.5厘米，砌筑规整。

东立面条石基础高94厘米，南部最低处仅存一层，中部最高处存三层（图4-65）。中部最高处的三层条石中，上层条石基础仅在门道南北两侧各有一块丁石，门道南侧丁石长85.7、宽28.9、高27.6厘米，素面；北侧丁石长100.4、宽40.5、高28.2厘米，饰“一寸三錾”人字纹。第二层条石基础南端缺失，北端被工事破坏，顺石长60—185、宽35、高31—32厘米，饰“一寸三錾”人字纹；丁石宽30、高32厘米，饰“一寸三錾”人字纹。第三层条石基础北端被工事破坏，顺石长46.6—178.6、高30.5—32.3厘米，宽度不详，饰“一寸三錾”人字纹；丁石宽34、高32厘米，饰“一寸三錾”人字纹。

南立面条石基础高96.6厘米，西部最高处完整保留三层，东部最低处残存一层（图4-66）。上层条石基础中东部条石缺失，仅存顺石六块，丁石两块，其中顺石长110—121.5、宽31.8、高31.4—33.5厘米，饰“一寸三錾”人字纹，局部条石有掉角、贯穿裂缝现象；两块丁石中西侧丁石宽33.2、高31.8厘米，长度不详，东侧丁石宽26、高33.8厘米，长度不详。第二层条石基础中东部条石缺失，仅存顺石七块，丁石两块，其中顺石长87.3—186.5、高31—32厘米，宽度不详，饰“一寸三錾”人字纹；两块丁石中西侧丁石宽28、高32.2厘米，长度不详，东侧丁石宽35.8、高32.5厘米，长度不详，两块丁石均饰“一寸三錾”人字纹，保存较好。底层条石基础保存完整，由八块顺石和三块丁石组成，其中顺石长83.3—182.5、高28—31.6厘米，宽度不详，饰“一寸三錾”人字纹，有掉角、贯穿裂缝的现象；丁石宽16—40.2、高32厘米，饰“一寸三錾”人字纹。

2.1.2 城门外包砖墙

城门东立面外包墙面砖缺失，仅存条石基础内的背里砖。墙体北部被工事破坏，残长16.17、残高0.16、厚1.87米，由泥质灰陶素面砖砌筑，白灰膏砌筑、白灰浆灌注，用砖规格为34厘米×17厘米×6厘米。

南立面外包砖墙残长6.5、宽1.87、最高处残高0.34米，残存3行，墙体收分10%，由泥质灰陶素面砖一顺一丁错缝砌筑，白灰膏砌筑，白灰浆灌注，白灰勾缝，灰缝1—1.5厘米，面砖规格为47厘米×23厘米×10厘米，背里砖规格为34厘米×17厘米×6厘米。

西立面墙体长10.4、宽2.89、最高处残高0.53米，残存5行，墙体收分10%，由泥质灰陶素面砖一顺一丁错缝砌筑，白灰膏砌筑，白灰浆灌注，白灰勾缝，灰缝1—1.5厘米，面砖规格为47厘米×23厘米×10厘米，背里砖规格为34厘米×17厘米×6厘米。

北立面被工事占压破坏，未清理，保存状况不详。

1. 一期南接月城城门城墙

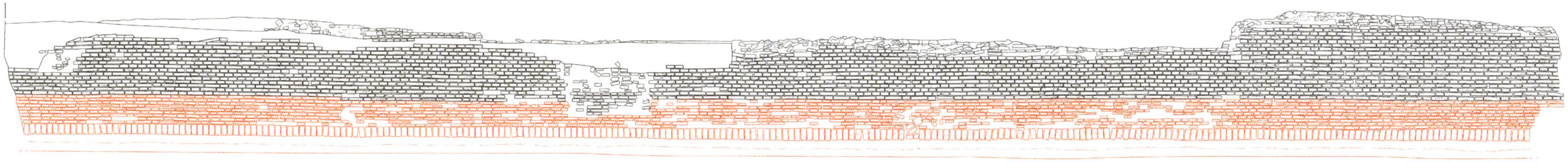

2. 一期南接月城城门城墙东立面示意图

图 4-63　一期南接月城城门城墙

图 4-64　一期南接月城城门城墙外包砖墙和甃砖基础（局部）

1. 二期月城城门东立面

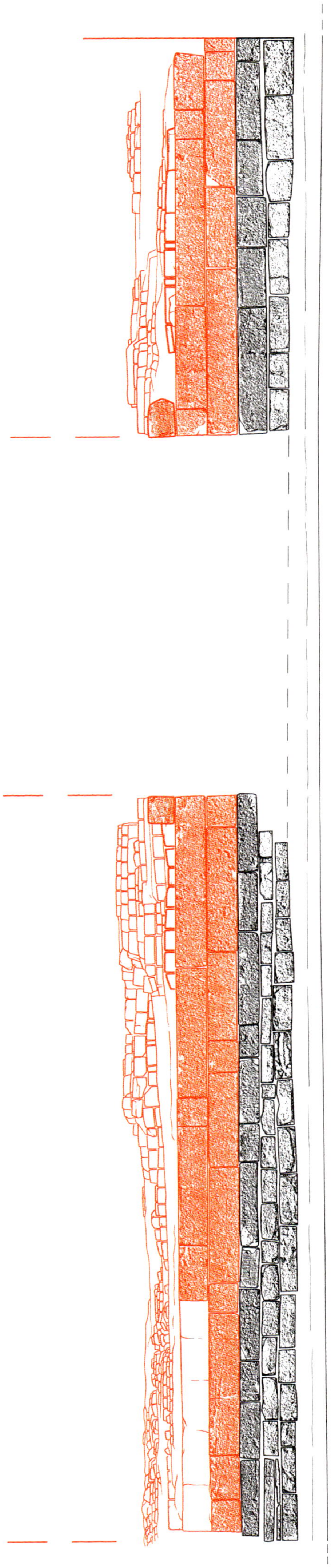

2. 二期月城城门东立面示意图

图 4-65　二期月城城门东立面

1. 二期月城城门南立面

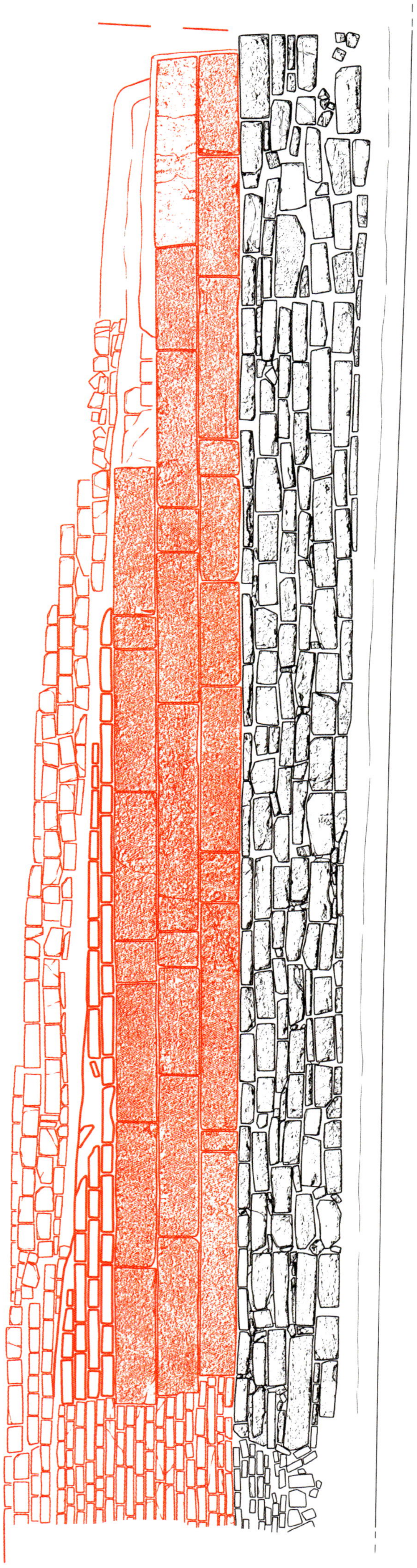

2. 二期月城城门南立面示意图

图 4-66　二期月城城门南立面

2.1.3 城门门道

门道南侧台芯东西长 8、南北宽 3.78、残高 1.4—2.7 米；门道北侧台芯部分被工事占压，东西长 8、南北残宽 2.28、残高 1.2—2.6 米。台芯由素土夯筑，夯层厚 15—20 厘米，保存状况较差。

门道进深 12.74 米，内门道长 9.34、宽 4.5 米，外门道长 3.4、宽 3.9 米。平水墙厚 1.94、残高 0.52 米，包砖残存 5 行。外侧包砖由素面泥质灰陶砖一顺一丁错缝垒砌，白灰膏砌筑，白灰浆灌注，白灰勾缝，灰缝 1—1.5 厘米，用砖规格为 47 厘米 ×23 厘米 ×10 厘米。墙芯由素面泥质灰陶砖错缝填筑，白灰膏砌筑，白灰浆灌注，用砖规格为 47 厘米 ×23 厘米 ×10 厘米。门道地面被大量倒塌碎砖块叠压，从门道东侧倒塌堆积的剖面观察，有相对较规整的伏砖、券砖堆砌，推测为月城城门券顶用砖，未发现门轴石。

2.1.4 城门散水

二期城门散水沿用一期月城城门散水。

2.2 南接月城城门城墙

二期南接月城城门城墙以一期南接月城城门城墙残存墙体为基础，总体呈西南走向，方向 237°，与城门内侧夹角为 53°。清理部分长 30.57、宽 4.55、残高 2.39 米。仅残存夯土墙芯、外包砖墙、散水，未发现海墁地面、垛口、女儿墙等建筑遗存（图 4–67）。

2.2.1 夯土墙芯

南接月城城门墙体清理出的墙芯长 33.2、宽 3.45 米，东北部最高处残高 2.3 米，西南部最低处残高 2.15 米，由 3∶7 灰土混合夯筑，夯层厚度不详。

2.2.2 外包砖墙

东立面清理出包砖墙长 31.02、残高 1.63、厚 0.55 米，墙体收分 19%。由泥质灰陶素面砖一顺一丁错缝垒砌，白灰膏砌筑，白灰浆灌注，白灰勾缝，灰缝 1—1.5 厘米，用砖规格为 32 厘米 ×16 厘米 ×5 厘米。墙体风化、酥碱、泥质灰陶砖掉角等病害严重，风化酥碱深度为 1 厘米，局部墙体出现因外包砖酥碱、缺失，导致灰浆缺失、填芯砖松动以及夯土缺失的现象，保存状况一般。墙芯由 32 厘米 ×16 厘米 ×5 厘米的泥质灰陶素面砖错缝填筑，白灰膏砌筑，白灰浆灌注。

2.2.3 散水

二期南接月城城门城墙散水沿用一期南接月城城门城墙散水。

西立面紧贴 4 号山山体，正值雨季，为避免雨水对墙体的破坏，西立面仅清理出顶部墙砖和墙体填芯，残存高度和保存状况不详。经过清理，外包砖墙长 35.51、厚 0.55 米，墙体收分 19%。由泥质灰陶素面砖一顺一丁错缝垒砌，白灰膏砌筑，白灰浆灌注，白灰勾缝，灰缝 1—1.5 厘米，用砖规格为 32 厘米 ×16 厘米 ×5 厘米。

2.3 北接月城城门城墙

北接月城城门城墙总体呈西北走向，方向 309°，与城门内侧夹角为 55°。墙体西侧和北侧分别紧贴 4 号山山体和工事，正值雨季，为避免雨水对墙体的破坏，仅清理了北接月城城门城墙西北角，清理部分长 1.4、宽 1.08 米。

1. 二期南接月城门城墙

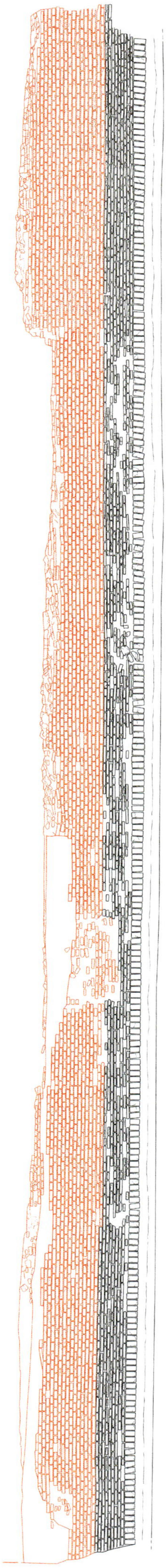

2. 二期南接月城门城墙东立面示意图

图 4-67　二期南接月城门城墙

第四节　出土遗物

正定城墙东城门（4号山）遗址发现遗物较少，在主城门城台处采集了少量建筑构件，分为陶质建筑构件和石质建筑构件两类。陶质建筑构件均为泥质灰陶，包括瓦当、滴水、花砖、脊兽、钉帽等。石质建筑构件主要为柱顶石。

1. 陶质建筑构件

陶质建筑构件均为泥质灰陶，包括瓦当、滴水、花砖、脊兽、钉帽等。

瓦当 5 件，残，均为兽面纹瓦当，根据形制样式可分为两型。

A 型　2 件。当面正中兽面低平。

Ⅰ区采集：1，两眉卷曲呈倒八字，双眼呈乳钉状，月牙形嘴，嘴中无齿，耳作圆形，额头两侧鬃发卷曲，嘴两侧饰火纹，兽面外围饰有一周凸棱。直径 13、厚 3.3 厘米（图 4-68，1）。

Ⅰ区采集：2，形制同Ⅰ区采集：1，双眼斜视。直径 14.6、厚 3 厘米（图 4-68，2）。

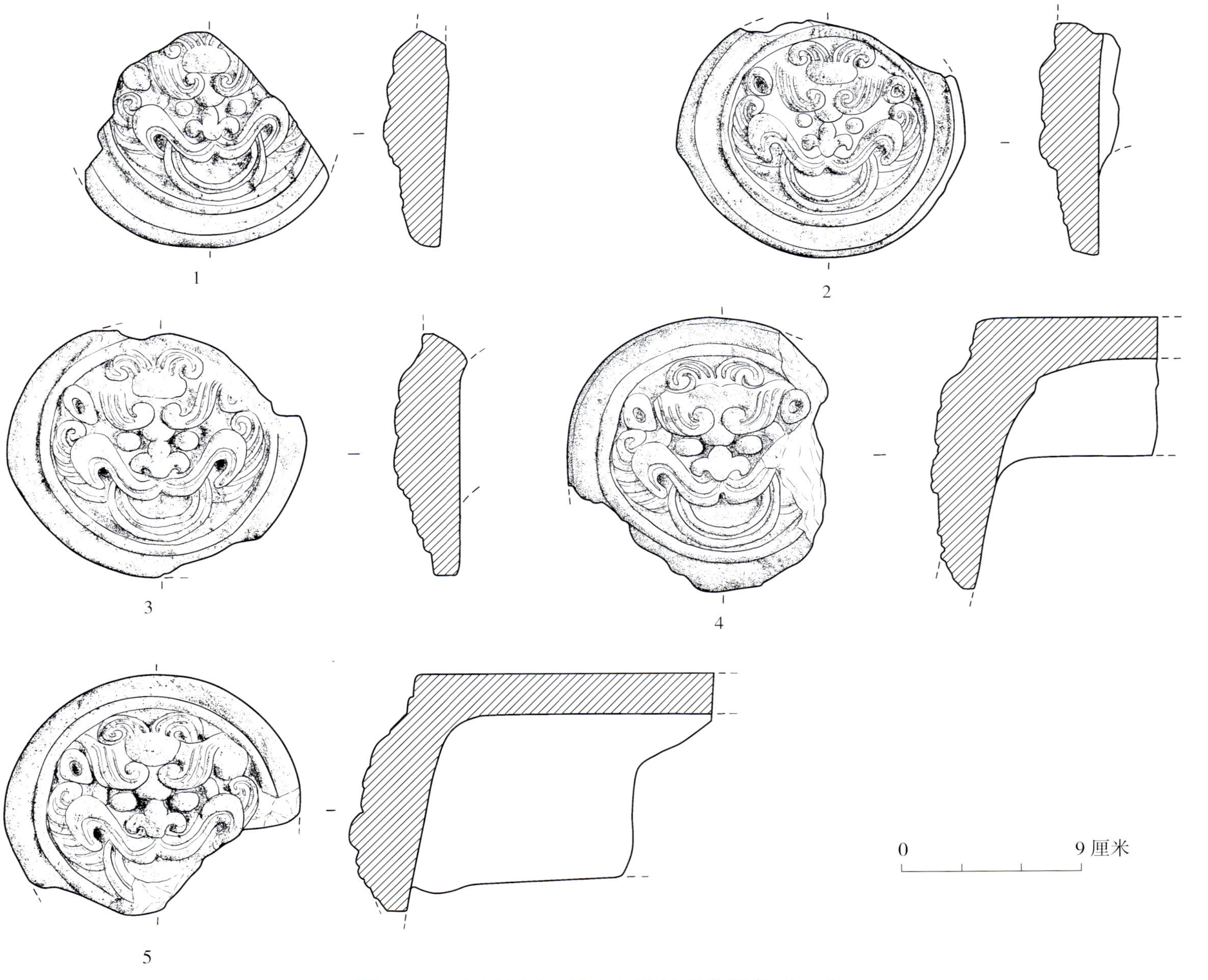

图 4-68　东城门（4 号山）遗址采集遗物（一）

1.A 型瓦当（Ⅰ区采集：1）　2.A 型瓦当（Ⅰ区采集：2）　3.B 型瓦当（Ⅰ区采集：3）　4.B 型瓦当（Ⅰ区采集：4）　5.B 型瓦当（Ⅰ区采集：5）

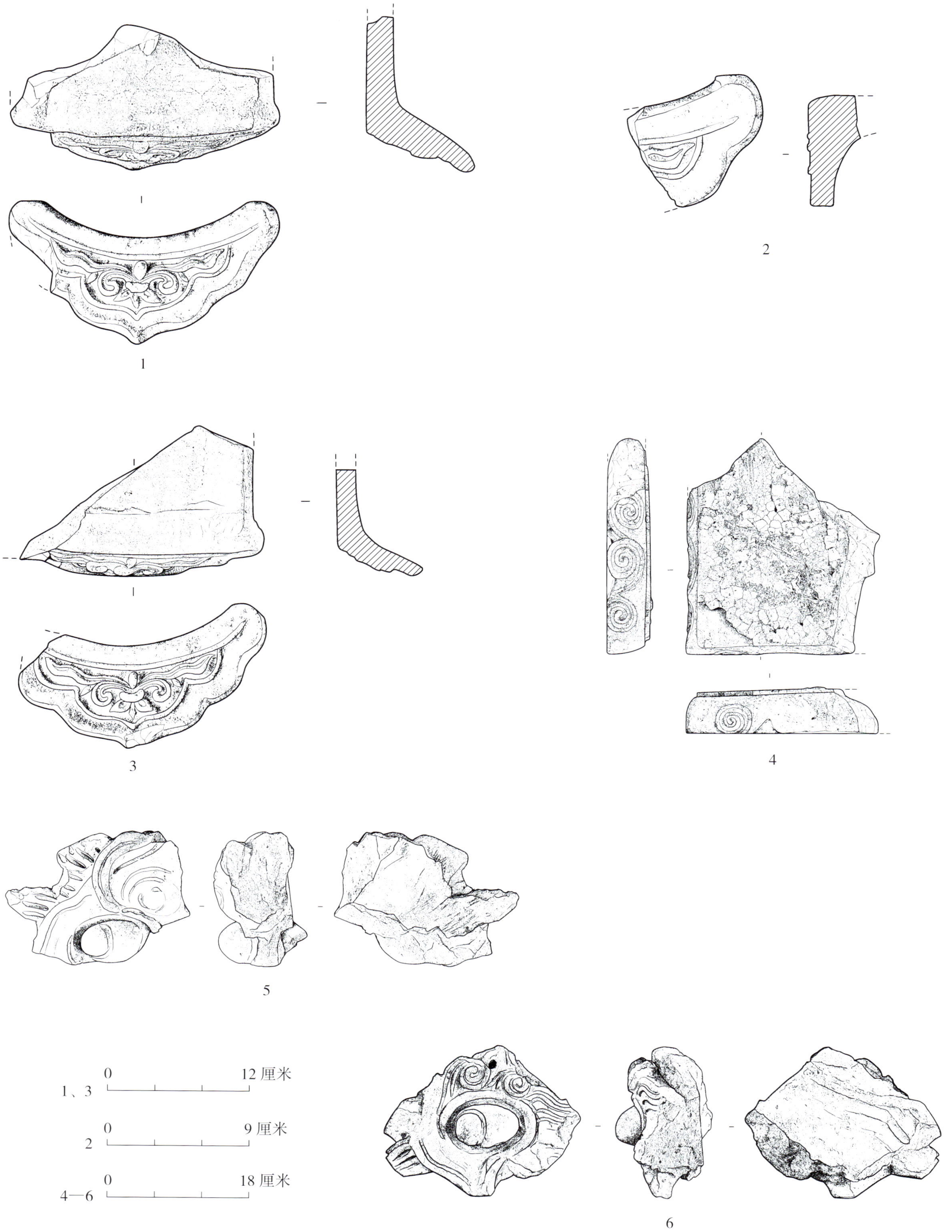

图4-69　东城门（4号山）遗址采集遗物（二）

1.滴水（Ⅰ区采集:6）　2.滴水（Ⅰ区采集:7）　3.滴水（Ⅰ区采集:8）　4.花砖（Ⅰ区采集:9）　5.脊兽（Ⅰ区采集:10）　6.脊兽（Ⅰ区采集:11）

B 型　3 件。当面正中兽面高突，额头突起。

Ⅰ区采集：3，两眉卷曲呈倒八字，三角形鼻，双眼呈乳钉状，月牙形嘴，嘴中无齿，耳作圆形，额头两侧鬃发卷曲，嘴两侧饰火纹，兽面外围饰一周凸棱。直径 15、厚 3.75 厘米（图 4–68，3）。

Ⅰ区采集：4，形制同Ⅰ区采集：3。直径 14.3、厚 4.7 厘米（图 4–68，4）。

Ⅰ区采集：5，形制同Ⅰ区采集：3。直径 14.8、厚 3.8 厘米（图 4–68，5）。

滴水 3 件，残，形制一样。

Ⅰ区采集：6，滴水头模印花卉图案，花卉外饰一周凸棱，滴水下檐呈连弧三角形。板瓦宽 22.8、残长 12.8、厚 2.2 厘米，滴水长 9.4、厚 2 厘米（图 4–69，1）。

Ⅰ区采集：7，形制同Ⅰ区采集：6。滴水残长 8.7、厚 3.45 厘米（图 4–69，2）。

Ⅰ区采集：8，形制同Ⅰ区采集：6。板瓦宽 20.8、残长 13.2、厚 1.68 厘米，滴水长 8.6、厚 1.5 厘米（图 4–69，3）

花砖 1 件，残。

Ⅰ区采集：9，正面沾有石灰，背面为绳纹，四周饰卷云纹。残长 28.4、残宽 24.4、厚 6.2 厘米（图 4–69，4）。

脊兽 2 件，残，形制一样。

Ⅰ区采集：10，动物头部残块，毛发卷曲，眼球鼓而外突。残长 23.4、残宽 17.8 厘米，眼球直径约 4 厘米（图 4–69，5）。

Ⅰ区采集：11，形制同Ⅰ区采集：10。残长 25、残宽 19.8 厘米，眼球直径约 4 厘米（图 4–69，6）。

钉帽 1 件，残。

Ⅰ区采集：12，呈锥立状，直径 5.7、高 6.1、厚 1.4 厘米（图 4–70，1）。

2. 石质建筑构件

采集的石质建筑构件为柱顶石。

Ⅰ区采集：13，青石材质，残长 64.8、宽 54.4、残高 30.4 厘米，表面剁斧。柱础鼓镜为圆鼓镜，直径 39、厚 9.5 厘米（图 4–70，2）。

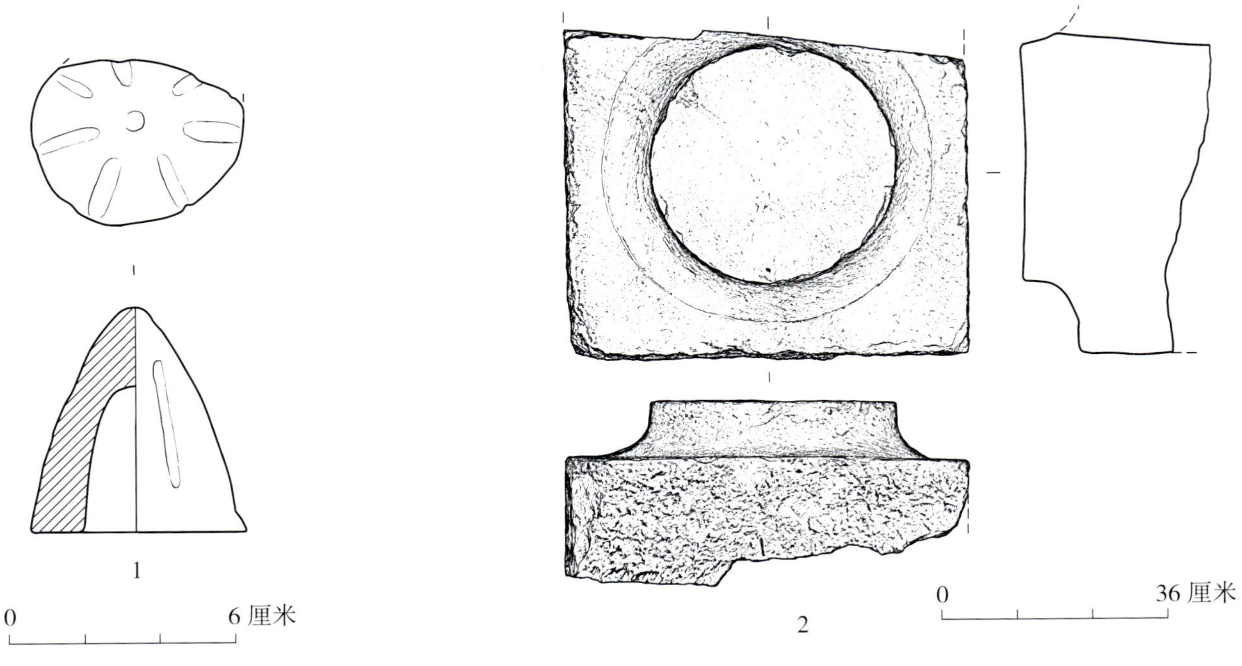

图 4–70　东城门（4 号山）遗址采集遗物（三）

1. 钉帽（Ⅰ区采集：12）　2. 柱顶石（Ⅰ区采集：13）

结 语

正定城墙东城门（4 号山）遗址保护工程考古勘察期间，共勘探面积 4.5 万平方米，清理面积（布设探方面积）4900 平方米，同时在遗址破坏较严重部位布设了 5 条探沟，发现了一批重要文物遗存，掌握了该区域内瓮城城墙、瓮城城门、瓮城城台的位置，确定了主城门，南、北接主城门马道，南、北接主城门城墙，月城城门，南、北接月城城门城墙等重要建筑基址的位置、结构、保存状况。结合文献资料和调查走访成果，东城门主体建筑的位置及整体布局基本得以确定。

主城系统保存基本完整，月城系统保存状况较差。此次考古勘察，明确了正定城墙东城门（4 号山）遗址总体经历了一期、二期和二期后这三个阶段，同时通过不同时期主城系统、月城系统的营建方式和营建特点，基本明晰了历次修筑正定城墙东城门的营建重点不同。

1. 一期主城系统

一期主城系统用砖多样，体现在用砖规格不一和用砖材质不一两个方面。用砖规格大体分 28 厘米 ×14 厘米 ×5 厘米、30 厘米 ×15 厘米 ×5 厘米、32 厘米 ×16 厘米 ×5 厘米、33 厘米 ×16 厘米 ×5 厘米和 47 厘米 ×23 厘米 ×10 厘米五种。用砖材质不一，在主城门东立面外包砖墙中使用多种规格的小砖，大部分为泥质灰陶砖，但也掺有少量的泥质红陶砖，砌筑时灰缝偏大，用砖做工较差，砖体偏薄，酥碱严重，而主城门的西立面外包砖墙，则使用规格较大且规整的 47 厘米 ×23 厘米 ×10 厘米大砖。南接主城门马道的海墁地面、汇水道底部用砖，均使用碎砖，且海墁地面用砖规格较多。在南接主城门城墙海墁地面上下两层铺砖层中，面砖层使用整砖，砌筑方式讲究，底层垫砖层则使用碎砖，错缝平铺砌筑。

主城门的底部基础条石在选材、用料和砌筑方式上不规整。所选条石的材质多样，大部分为青石，也有质地较软、易风化的砂岩、页岩。基础条石形状不规整，薄厚差别较大，条石纹饰多样，多为素面，也有“一寸三錾”和“一寸两錾”竖纹、横纹、斜纹等纹饰，纹饰刻法不一，錾纹有深有浅。

2. 二期主城系统

二期主城系统用砖相对统一。主城门外包砖墙、主城台和顶部海墁地面、城楼散水、城楼门道等均使用 47 厘米 ×23 厘米 ×10 厘米的泥质灰陶大砖，南接主城门马道外包砖墙与北接主城门马道的基础甃砖、外包墙砖则使用规格相对较小的 32 厘米 ×16 厘米 ×5 厘米泥质灰陶砖。砌筑方式上，墙体为一顺一丁错缝垒砌，灰缝区别不大，均有勾缝，海墁地面则由泥质灰陶砖错十字缝铺砌。

二期主城门基础条石均使用青石，尺寸和形状规整，条石厚度大部分为 32 厘米，形状为矩形，棱角分明。纹饰多为“一寸三錾”人字纹，角柱的南北两侧再饰“一寸三錾”横纹，纹饰统一。砌筑方式为顺砌，灰缝区别不大，有明显勾缝痕迹。

3. 二期后主城系统

清理过程中，发现主城系统中有部分建筑遗存应为二期之后所修筑，主要有主城楼台基上部建筑基址、主城门南侧部分建筑遗存、南接主城门马道残存建筑基址、北接主城门城墙上部砌砖。为防止东城门（4号山）遗址部分区域坍塌，保存其完整性，未完整揭露，因此，对这些建筑基址的具体修筑年代和性质功能认识尚不充分。

4. 一期月城系统

一期月城系统与一期主城系统在用砖方面大致相同。

南接月城城门城墙的用砖中，底部甃砖基础用砖规格为47厘米 ×23厘米 ×10厘米，上部外包砖墙用砖规格为30厘米 ×14厘米 ×5厘米。在缺失面砖的部位，发现背里砖中有若干泥质红陶砖，与主城门东立面的用砖和砌法类似，但较主城门东立面规整，灰缝较统一，勾缝明显。

月城城门底部条石基础中东立面与南立面略有不同。

东立面所用条石均为青石材质，尺寸和形状相对较规整，残存的上层条石规格区别不大，且都刻有“一寸两錾”竖纹。相比较而言，底层条石的纹饰和规格虽没有上层条石规整，但也有明显的打磨錾刻等加工痕迹。

南立面的基础条石用料则比较多样，虽然大部分为青石，但也有质地较软、易风化的砂岩、页岩。条石尺寸差别较大，最薄5.2厘米，最厚23厘米，最长95厘米，最短只有25.8厘米。形状相对不规整，大部分条石并非规则矩形，条石纹饰多样，錾纹深浅不一。

5. 二期月城系统

二期月城系统与二期主城系统在用砖方面大致相同。

外包墙砖的面砖和门洞内的平水墙外包砖多使用规格为47厘米 ×23厘米 ×10厘米的泥质灰陶大砖，南接月城城门城墙部分用砖为32厘米 ×16厘米 ×5厘米的泥质灰陶砖。砌筑方式上都使用一顺一丁错缝垒砌，灰缝区别不大，且均有勾缝。

二期月城城门的基础条石与二期主城门基础条石规格、砌筑方式等一致，青石材质，厚约32厘米，形状为矩形，棱角分明，纹饰多为“一寸三錾”人字纹，砌筑方式上为两顺一丁，灰缝均为1厘米，有明显勾缝痕迹，局部使用小石片做背撒。

通过对主城系统和月城系统两次不同时期的营建方式和营建特点比较分析，可知一期建造者注重修建主城系统与月城系统的经济性与实用性，对建筑整体的细节重视度不高，工艺较粗糙，仅在主城系统的西立面和月城系统的东立面砌筑较为规整，其余立面在选材、砌法上并未统一。相比而言，二期建造者更加注重修建主城系统与月城系统的美观性与实用性，用砖规格和条石规格、砌筑方式、条石纹饰都比较统一，极其规整，同时建造者也注重经济性，主城系统中的南接主城门马道和南、北接主城门城墙外包砖墙均沿用一期南接主城门马道和南、北接主城门城墙外包砖墙。

1967年为建筑国防工事，局部拆除了东城门系统，具体的拆除情况未留下文字和图片资料，而且建筑国防工事具有保密性，周边居民也不了解具体建筑结构和规模，所以通过查找文献和走访调查所获得的信息更多的是建筑国防工事之前城门系统的保存状况和整个山体的情况，并未获得建筑国防工事时对城门系统改动的信息。

为保护正定城墙东城门（4号山）遗址的完整性，勘察时尽量减少清理面积，仅在遗址破坏较严重部位布设了5条探沟，所以对部分遗址的规模、布局和功能性质上存在认识上的不足。而且此次清理工作只清理了主城系统和月城系统的局部，未清理瓮城系统，所以对两次营建主城系统和月城系统年代是否一致，以及瓮城系统的保存状况，瓮城系统是否也存在两次营建过程等，均缺乏充分的认识。

由于主城系统和月城系统部分一期建筑遗存被二期建筑遗存所包裹，所以部分一期建筑遗存保存状况和砌筑方式不详，比如一期主城门城台上部城楼及海墁地面的布局、结构和保存状况，目前尚无法得知。

在主城系统中有部分建筑遗存不属于一期和二期，这些建筑遗存是第二次营建之后的局部改动，还是近现代相关建筑，尚不清楚，因此归为二期后建筑遗存。

建筑东城门（4号山）国防工事后，国防工事周边区域被大量青白毛石所覆盖，随山体呈带状分布，这为考古勘探和清理工作带来了极大的不便，考古勘探时只能避开毛石垫层。囿于考古勘探的局限性，勘探所得到的关于城门系统信息较零散，通过参考正定南城门、北城门、西城门等三座城门的形制，推断东城门瓮城系统所处的位置，所得出的结论与实际可能会有所偏差。

附 录

附表一　正定城墙东城门主城系统、月城系统用砖统计表

单位：厘米

纹饰	尺寸 （长 × 宽 × 厚）	使用部位
素面	47 × 23 × 10	一期：主城门西立面外包砖墙、内檐墙、拔檐，南接马道地面拦水砖，月城南接城墙甃砖基础。 二期：主城门西立面外包砖墙，城楼散水、门道，城台海墁地面，月城城门外包砖墙面砖、门洞平水墙外包砖。
	34 × 17 × 6	二期：主城门门洞拱券，月城城门外包砖墙背里砖、门洞平水墙背里砖。
	33 × 16 × 5	一期：主城门东立面外包砖墙（部分），南接马道地面铺地砖（部分）、汇水道（部分）。
	32 × 16 × 5	一期：南接马道外包砖墙（部分），南接城墙顶部海墁地面面砖层、垫砖层（部分），城墙外包砖墙（部分）。 二期：主城门城楼磉墩（部分），南接马道平台顶部海墁地面，北接马道外包砖墙（部分）、甃砖基础，南接城墙顶部海墁地面垫砖层，月城南接城墙外包砖墙。
	30 × 15 × 5	一期：主城门城楼磉墩（部分）、主城门东立面外包砖墙（部分），南接马道地面铺地砖（部分）、汇水道（部分），南接马道外包砖墙（部分），南接城墙顶部海墁地面垫砖层（部分），城墙外包砖墙（部分）。 二期：北接马道外包砖墙（部分）。
	30 × 14 × 5	一期：月城南接城墙外包砖墙。
	28 × 14 × 5	一期：主城门东立面外包砖墙（部分），南接马道地面铺地砖（部分）、汇水道（部分）。
勾纹	32 × 16 × 5	二期：主城门城楼磉墩（部分），数量很少且均为残砖。
	30 × 15 × 5	二期：主城门城楼磉墩（部分），数量很少且均为残砖。
绳纹	32 × 16 × 5	二期：主城门城楼磉墩（部分），数量很少且均为残砖。
	30 × 15 × 5	二期：主城门城楼磉墩（部分），数量很少且均为残砖。

附表二　正定城墙东城门（4号山）遗址 RTK 测量仪坐标点（国家 2000 坐标系统）

系统	序号	方位	X	Y	Z	备注
主城系统	1	二期城台残存高度	4223277.623	551013.6304	64.2568	
	2	城台灰土垫层 -1	4223277.295	551015.0784	64.6488	
	3	城台灰土垫层 -2	4223292.046	551015.9324	64.6698	
	4	城台灰土垫层 -3	4223298.667	551025.9263	64.5618	
	5	外门道 -1	4223285.031	551027.812	64.8128	
	6	外门道 -2	4223283.139	551027.7609	64.8028	
	7	内门道 -1	4223285.524	551016.7164	64.9078	
	8	内门道 -2	4223283.481	551016.6924	64.9108	
	9	二期包砖最高点	4223296.958	551014.112	64.0008	
	10	一期灰土垫层	4223268.015	551012.9632	54.4768	
	11	基础底	4223268.016	551013.0096	54.6088	
	12	二期灰土垫层	4223268.682	551011.5416	54.0258	
	13	二期地平	4223268.731	551011.6743	54.2578	
	14	二期南角	4223268.769	551011.7717	54.2468	
	15	一期西南角	4223270.044	551012.9351	55.3718	
	16	二期西北角	4223300.419	551012.6085	54.2598	
	17	二期高 海墁	4223280.681	551015.089	64.7928	
	18	一期残高	4223275.742	551013.6094	64.2938	
	19	券顶最高	4223284.401	551012.7314	62.1488	
	20	券顶底 门洞高	4223284.406	551012.6291	61.0088	
	21	城楼北	4223293.524	551023.133	65.1388	
	22	城楼西	4223288.577	551019.2901	65.0978	
	23	城楼南	4223274.973	551021.7315	65.0328	
	24	城楼东	4223280.232	551025.1784	65.3178	
	25	城楼散水东	4223282.743	551027.7694	64.7848	
	26	城楼散水北	4223295.831	551023.4111	64.8818	
	27	城楼散水西	4223289.258	551016.8316	64.9558	
	28	城楼散水南	4223272.801	551020.4652	64.8398	
	29	外门道南	4223283.144	551027.729	64.7918	
	30	外门道中	4223284.069	551027.7741	64.8068	
	31	外门道北	4223285.037	551027.7773	64.8088	
	32	内门道南	4223283.472	551016.7145	64.8978	
	33	内门道中	4223284.498	551016.7547	64.9638	

续附表二

系统	序号	方位	X	Y	Z	备注
主城系统	34	内门道北	4223285.531	551016.7581	64.8898	
	35	城楼北 -1	4223293.481	551025.6458	64.8618	
	36	城楼北 -2	4223292.638	551025.5998	64.9058	
	37	城楼北 -3	4223290.291	551025.5505	64.9168	
	38	城楼北 -4	4223289.314	551025.548	64.9298	
	39	城楼北 -5	4223286.75	551025.4815	64.9298	
	40	城楼北 -6	4223285.738	551025.4389	64.9428	
	41	城楼北 -7	4223282.547	551025.3069	64.9398	
	42	城楼北 -8	4223281.605	551025.3245	64.9868	
	43	城楼北 -9	4223278.885	551025.2074	65.0238	
	44	城楼北 -1 0	4223278.512	551024.9186	64.2558	
	45	城楼北 -1 1	4223275.689	551025.0889	65.0268	
	46	城楼北 -1 2 南	4223274.852	551025.0422	64.9258	
	47	城楼北 -1 3 西南	4223274.858	551024.0708	64.9358	
	48	城楼北 -1 4	4223274.914	551022.4949	64.9208	
	49	城楼北 -1 5	4223274.951	551021.4666	65.0158	
	50	城楼南 -1 6	4223275.037	551019.8586	65.0378	
	51	城楼南 -1 7 西	4223275.034	551018.8723	65.0208	
	52	城楼南 -1 8 西北	4223275.917	551018.8521	65.1138	
	53	台明北 -1	4223294.091	551026.3017	64.8878	
	54	台明北 -2	4223295.235	551026.3177	64.7338	
	55	台明北 -3	4223294.104	551026.2863	64.8818	
	56	台明 -4	4223293.418	551026.4065	64.8928	
	57	台明 -5	4223292.439	551026.3769	64.9008	
	58	台明 -6	4223290.25	551026.3128	64.9288	
	59	台明 -7	4223289.283	551026.2834	64.9498	
	60	台明 -8	4223286.724	551026.2008	64.9018	
	61	台明 -9	4223285.772	551026.1821	64.8878	
	62	台明 -1 0	4223282.508	551026.0808	64.9148	
	63	台明 -1 1	4223281.536	551026.0853	64.9488	
	64	台明 -1 2	4223279.007	551025.9806	64.9278	
	65	台明 -1 3	4223278.047	551025.9669	64.9408	
	66	台明 -1 4	4223275.847	551025.8911	65.0048	

续附表二

系统	序号	方位	X	Y	Z	备注
主城系统	67	台明 –1 5	4223274.825	551025.8612	64.8838	
	68	台明西南角 –1	4223274.442	551018.1032	64.9808	
	69	台明西南角 –2	4223273.548	551018.0956	64.8598	
	70	台明西南角 –3	4223273.687	551018.1111	64.8478	
	71	台明西南角 –4	4223273.758	551017.1588	64.8828	
	72	台明西南角 –5	4223274.515	551017.17	64.9658	
	73	台明南 –1	4223273.62	551018.7613	64.8268	
	74	台明南 –2	4223273.611	551019.7697	64.8408	
	75	台明南 –3	4223273.59	551021.3742	64.9168	
	76	台明南 –4	4223273.508	551022.4245	64.8328	
	77	台明南 –5	4223273.45	551023.9727	64.7888	
	78	台明南 –6	4223273.36	551024.9576	64.6418	
	79	“︵”形建筑基址 南	4223279.987	551017.4332	64.9668	
	80	“︵”形建筑基址 拐角 –1	4223280.154	551018.4988	65.2518	
	81	“︵”形建筑基址 拐角 –2	4223280.291	551018.7999	65.1748	
	82	“︵”形建筑基址 拐角 –3	4223280.617	551018.9171	65.2358	
	83	“︵”形建筑基址 直	4223282.25	551018.9633	65.2388	
	84	“︵”形建筑基址 拐角北 –1	4223286.021	551019.038	65.2548	
	85	“︵”形建筑基址 拐角北 –2	4223286.255	551018.9002	65.2488	
	86	“︵”形建筑基址 拐角北 –3	4223286.34	551018.7251	65.2338	
	87	“︵”形建筑基址 北 –1	4223286.326	551017.7779	65.1458	
	88	“︵”形建筑基址 北 –2	4223287.879	551017.276	65.1748	
	89	“︵”形建筑基址 北 –3	4223287.79	551019.3187	65.1748	
	90	“︵”形建筑基址 北 拐角 –1	4223287.466	551020.1515	65.2288	
	91	“︵”形建筑基址 北 拐角 –2	4223286.686	551020.6901	65.2298	
	92	“︵”形建筑基址 北 直线 –1	4223286.007	551020.6503	65.2278	
	93	“︵”形建筑基址 北 直线 –2	4223282.991	551020.5202	65.3198	
	94	“︵”形建筑基址 北 直线 –3	4223279.889	551020.5073	65.3728	
	95	“︵”形建筑基址 南 拐角 –1	4223278.92	551019.9044	65.2418	
	96	“︵”形建筑基址 南 拐角 –2	4223278.605	551019.3778	65.1688	
瓮城系统	97	瓮城城墙 –1	4223305.821	551098.8152	54.8298	
	98	瓮城城墙 –2	4223307.263	551097.5596	55.1368	
	99	瓮城城墙 –3	4223305.048	551098.8550	55.0458	

续附表二

系统	序号	方位	X	Y	Z	备注
瓮城系统	100	瓮城外墙	4223307.445	551098.7588	54.7148	
	101	瓮城北侧连接主城墙 –1	4223307.787	551027.28	68.0098	
	102	瓮城北侧连接主城墙 –2	4223368.04	551046.3701	67.9278	
	103	瓮城城墙 –4	4223367.339	551059.1632	68.0798	
	104	瓮城城墙 –5	4223364.705	551071.7403	68.1768	
	105	瓮城城墙 –6	4223359.531	551081.8138	68.2028	
	106	瓮城城墙 –7	4223350.205	551092.477	68.2018	
	107	瓮城城墙 –8	4223342.12	551098.3429	68.1968	
	108	瓮城城墙 –9	4223330.183	551103.6771	68.1978	
	109	瓮城城墙 –1 0	4223320.497	551105.2932	68.2038	
	110	瓮城城墙 –1 1	4223310.045	551105.6178	68.1968	
	111	瓮城城墙 –1 2	4223292.59	551105.5199	68.1958	
	112	瓮城城墙 –1 3	4223280.362	551104.6318	68.1918	
	113	瓮城城墙 –1 4	4223259.349	551102.8554	68.1928	
	114	瓮城城墙 –1 5	4223248.411	551101.7508	68.1868	
	115	瓮城南侧连接主城墙 –1	4223234.267	551098.2678	68.1978	
	116	瓮城南侧连接主城墙 –2	4223223.076	551092.8128	68.2028	
	117	瓮城城墙 –1 6	4223214.112	551081.3481	68.1868	
	118	瓮城城墙 –1 7	4223215.649	551043.3133	67.8958	
	119	瓮城城墙 –1 8	4223218.131	551031.7202	67.9608	
	120	瓮城城墙 –1 9	4223208.99	551030.4691	67.9968	
	121	瓮城城门 –1	4223194.559	551035.7112	67.9368	
	122	瓮城城门 –2	4223195.482	551050.3408	67.9098	
	123	瓮城城门 –3	4223196.503	551074.1955	67.8628	
	124	瓮城城门 –4	4223206.558	551072.4916	67.9088	
	125	瓮城城门 –5	4223221.347	551072.7203	67.8548	
	126	瓮城城门 –6	4223219.98	551051.5008	67.9048	
	127	瓮城城门城台 –1	4223218.789	551033.5089	67.9568	
	128	瓮城城门城台 –2	4223203.473	551077.4052	68.2858	
	129	瓮城城门城台 –3	4223207.37	551089.1687	68.2868	
	130	瓮城城门城台 –4	4223215.205	551098.8705	68.3028	
	131	瓮城城门城台 –5	4223221.643	551103.467	68.2608	
	132	瓮城城墙 –20	4223233.147	551107.9972	68.2688	

续附表二

系统	序号	方位	X	Y	Z	备注
瓮城系统	133	瓮城城墙 –21	4223248.448	551111.1411	68.3328	
	134	瓮城城墙 –22	4223263.089	551112.7479	68.3118	
	135	瓮城城墙 –23	4223275.597	551114.0438	68.3368	
	136	瓮城城墙 –24	4223287.419	551115.1034	68.3248	
	137	瓮城城墙 –25	4223300.582	551115.257	68.3068	
	138	瓮城城墙 –26	4223313.017	551115.3215	68.3078	
	139	瓮城城墙 –27	4223326.412	551114.7649	68.3028	
	140	瓮城城墙 –28	4223341.595	551109.5259	68.2598	
	141	瓮城城墙 –29	4223352.399	551102.9394	68.2628	
	142	瓮城城墙 –30	4223360.99	551095.2925	68.2628	
	143	瓮城城墙 –31	4223368.546	551085.5449	68.2548	
	144	瓮城东城台 –1	4223374.515	551073.5565	68.2628	
	145	瓮城东城台 –2	4223376.968	551063.2819	68.2428	
	146	瓮城东城台 –3	4223377.576	551052.7031	68.0058	
	147	瓮城东城台 –4	4223377.746	551044.907	67.9488	
月城系统	148	月城北段城墙 北 –1	4223301.867	551117.2796	55.2348	
	149	月城北段城墙 北 –2	4223303.583	551115.4797	55.6398	
	150	月城北段城墙 北 –3	4223301.784	551115.0795	56.1398	
	151	月城北段城墙 北 –4	4223302.093	551114.7441	56.1278	
	152	月城北段城墙 北 –5	4223301.131	551113.0495	53.6238	
	153	月城北段城墙 北 –6	4223299.945	551114.1502	54.0208	
	154	月城北段城墙 北转西 –1	4223305.912	551112.1901	56.3538	
	155	月城北段城墙 北转西 –2	4223303.088	551115.0478	56.3338	
	156	月城北段城墙 北转西 –3	4223303.904	551113.0015	56.4488	
	157	月城北段城墙 北转西 –4	4223305.770	551110.6590	56.3878	
	158	月城北段城墙 北转西 –5	4223302.171	551113.4049	56.4288	
	159	月城拐角外墙 –1	4223304.889	551115.3074	54.0228	
	160	月城拐角外墙 –2	4223306.245	551114.0287	54.0088	
	161	月城拐角外墙 –3	4223305.997	551114.2381	53.9938	
	162	月城西拐进入边 –1	4223306.23	551106.3103	53.8898	
	163	月城西拐进入边 –2	4223306.703	551109.103	53.6778	
	164	月城北段城墙拐角 –1	4223307.416	551112.5197	52.2268	
	165	月城北段城墙拐角 –2	4223307.156	551112.7915	52.6588	

续附表二

系统	序号	方位	X	Y	Z	备注
月城系统	166	月城拐入外墙 -1	4223306.601	551108.6241	53.7138	
	167	月城拐入外墙 -2	4223306.246	551106.5773	53.8328	
	168	月城拐入外墙 -3	4223306.052	551104.9947	53.8698	
	169	月城拐入外墙 -4	4223305.624	551102.9999	54.8058	
	170	月城拐入外墙 -5	4223305.348	551101.1362	54.8218	
	171	月城拐入外墙 -6	4223305.155	551099.7372	54.8808	
	172	月城南段城墙 -1	4223144.971	551057.9403	53.7858	
	173	月城南段城墙 -2	4223142.27	551069.2138	53.0218	
	174	月城南段城墙 -3	4223144.241	551092.952	53.1848	
	175	月城南段城墙 -4	4223157.607	551095.2188	53.0648	
	176	月城南段城墙 -5	4223167.662	551098.0053	53.1198	
	177	月城南段城墙 -6	4223176.832	551101.4521	53.0798	
	178	月城南段城墙 -7	4223185.549	551105.234	52.9968	
	179	月城南段城墙 -8	4223203.461	551113.5029	53.2168	
	180	月城南段城墙 -9	4223225.971	551124.7238	52.3538	
	181	月城南段城墙 -10	4223231.687	551128.2052	52.8118	
	182	月城南段城墙 -11	4223237.2	551131.6851	52.6748	
	183	月城南段城墙 -12	4223243.38	551137.4135	52.3788	
	184	月城南段城墙 -13	4223253.806	551143.7709	52.7788	
	185	月城南段城墙 -14	4223297.602	551144.2603	52.7508	
	186	月城南段城墙 -15	4223305.575	551143.8004	52.7338	
	187	月城南段城墙 -16	4223314.194	551119.3482	53.0298	
	188	月城城台 -1	4223259.628	551145.2341	52.8068	
	189	月城城台 -2	4223260.246	551152.9612	52.7308	
	190	月城城台 -3	4223265.278	551152.6377	52.7478	

附表三　正定城墙东城门主城系统考古勘探记录

排号	孔号	地层	土色	土质	厚度（米）	包含物	备注
	1	①	灰褐色	较疏松	0.3	草木根须	表土层
		②	黄褐色	较疏松	2.4	白灰渣、碎砖块	垫土层
		③	黄褐色	较致密	1.7	白灰渣、碎砖块	垫土层
		④	浅黄褐色	致密		较纯净	夯土层、未打穿
	2	①	灰褐色	较疏松	0.3	草木根须	表土层
		②	黄褐色	较疏松	2.2	白灰渣、碎砖块	垫土层
		③	黄褐色	较致密	1.8	白灰块、碎砖块	垫土层
		④	浅黄褐色	致密		较纯净	夯土层、未打穿
	3	①	灰褐色	较疏松	0.3	草木根须	表土层
		②	黄褐色	较疏松	2.2	白灰渣、碎砖块	垫土层
		③	黄褐色	较致密	1.5	白灰渣、炭屑	垫土层
		④				砖块	未打穿
	4	①	灰褐色	较疏松	0.3	草木根须	表土层
		②	黄褐色夹黑色土块	较疏松	2.1	白灰渣、炭屑	垫土层
		③	黄褐色	较致密	2.2	白灰渣、碎砖块	垫土层
		④				砖块	未打穿
	5	①	灰褐色	较疏松	0.3	草木根须、碎砖块	表土层
		②	黄褐色	较致密	2.3	白灰渣、炭屑	垫土层
		③	浅黄褐色	较致密	1.6	白灰渣、碎砖块	垫土层
		④				砖块	未打穿
	6	①	灰褐色	较疏松	0.3	草木根须	表土层
		②	黄褐色	较疏松	2.2	白灰渣、碎砖块	垫土层
		③	黄褐色	较致密	2	白灰渣、碎砖块	垫土层
		④				砖块	未打穿
	7	①	灰褐色	较疏松	0.3	草木根须	表土层
		②	黄褐色	较疏松	2.1	白灰渣、碎石块	垫土层
		③	黄褐色	较致密	2.0	白灰块、碎砖块	垫土层
		④				砖块	夯土层、未打穿
	8	①	灰褐色	较疏松	0.3	草木根须	表土层
		②	黄褐色	较疏松	2.2	白灰渣	垫土层
		③	黄褐色	较致密	2.0	白灰渣、碎砖块	垫土层
		④	浅黄褐色	致密		较纯净	夯土层、未打穿

续附表三

排号	孔号	地层	土色	土质	厚度(米)	包含物	备注
	9	①	灰褐色	较疏松	0.3	草木根须、碎石块	表土层
		②	黄褐色	较疏松	1.8	碎石块、碎砖块	垫土层
		③	黄褐色	较致密	2.6	白灰块、碎砖块	垫土层
		④				砖块	未打穿
	10	①	灰褐色	较疏松	0.3	草木根须	表土层
		②	黄褐色	较疏松	2.1	白灰渣	垫土层
		③	黄褐色	较致密	2.3	碎砖块、白灰块、炭屑	垫土层
		④				石块	未打穿
	11	①	灰褐色	较疏松	0.3	草木根须	表土层
		②	黄褐色	较疏松	2.2	碎石块、碎砖块	垫土层
		③	黄褐色	较致密	1.6	白灰块、碎砖块	垫土层
		④				砖块	未打穿
	12	①	灰褐色	较疏松	0.3	草木根须	表土层
		②	黄褐色夹黑色土块	较疏松	0.1	白灰块、碎砖块	垫土层
		③	黄褐色	较致密	1.5	白灰块、碎石块	垫土层
		④	浅黄褐色	致密		较纯净	夯土层、未打穿
	13	①	灰褐色	较疏松	0.3	草木根须	表土层
		②	黄褐色	较疏松	2.2	白灰渣、碎砖块	垫土层
		③	黄褐色	较致密	1.7	白灰渣、碎石块	垫土层
		④				石块	未打穿
	14	①	灰褐色	较疏松	0.3	草木根须	表土层
		②	黄褐色夹黑色土块	较疏松	2.1	白灰渣、炭屑	垫土层
		③	黄褐色	较致密	1.1	白灰渣、碎砖块	垫土层
		④				砖块	未打穿
	15	①	灰褐色	较疏松	0.3	草木根须	表土层
		②	黄褐色	较疏松	2.2	白灰渣、碎石块	垫土层
		③	黄褐色	较致密	1.8	白灰块、碎砖块	垫土层
		④				砖块	未打穿
	16	①	灰褐色	较疏松	0.3	草木根须	表土层
		②	黄褐色	较疏松	2.1	白灰块、炭屑	垫土层
		③	黄褐色	较致密	1.6	白灰块、碎石块	垫土层
		④	白色	致密		白灰三合土	未打穿

续附表三

排号	孔号	地层	土色	土质	厚度(米)	包含物	备注
	17	①	灰褐色	较疏松	0.3	草木根须	表土层
		②	黄褐色	较疏松	2.2	白灰渣	垫土层
		③	黄褐色	较致密	1.3	碎砖块、白灰块	垫土层
		④	白色	致密		白灰三合土	未打穿
	18	①	灰褐色	较疏松	0.3	草木根须	表土层
		②	黄褐色	较疏松	2.1	白灰渣、碎石块	垫土层
		③	黄褐色	较致密	1.5	白灰块、碎砖块	垫土层
		④				砖块	未打穿
	19	①	灰褐色	较疏松	0.3	草木根须	表土层
		②	黄褐色	较疏松	2.2	白灰渣、碎砖块	垫土层
		③	黄褐色	较致密	1.8	白灰块	垫土层
		④				石块	未打穿
	20	①	灰褐色	较疏松	0.3	草木根须	表土层
		②	黄褐色	较疏松	2.1	白灰渣、碎石块	垫土层
		③	黄褐色	较致密	1.5	碎砖块、白灰块	垫土层
		④				石块	未打穿
	21	①	灰褐色	较疏松	0.3	草木根须	表土层
		②	黄褐色夹黑色土块	较疏松	2.1	白灰渣、炭屑	垫土层
		③	黄褐色	较致密	1.2	白灰渣、碎砖块	垫土层
		④				砖块	未打穿
	22	①	灰褐色	较疏松	0.3	草木根须	表土层
		②	黄褐色	较疏松	2.6	碎石块	垫土层
		③				砖块	未打穿
	23	①	灰褐色	较疏松	0.3	草木根须	表土层
		②	黄褐色	较疏松	2.5	白灰渣、碎石块	垫土层
		③				砖块	未打穿
	24	①	灰褐色	较疏松	0.3	草木根须	表土层
		②	黄褐色	较疏松	2.8	碎砖块、白灰渣	垫土层
		③				砖块	未打穿
	25	①	灰褐色	较疏松	0.3	草木根须、碎石块	表土层
		②	黄褐色	较疏松	2.6	碎石块、碎砖块	垫土层
		③				砖块	未打穿

续附表三

排号	孔号	地层	土色	土质	厚度（米）	包含物	备注
	26	①	灰褐色	较疏松	0.3	草木根须、碎砖块	表土层
		②	黄褐色	较致密	2.3	白灰渣、炭屑	垫土层
		③	浅黄褐色	较致密	1.6	白灰渣、碎砖块	垫土层
		④				砖块	未打穿
	27	①	灰褐色	较疏松	0.3	草木根须	表土层
		②	黄褐色	较疏松	1.8	白灰渣、碎砖块	垫土层
		③	黄褐色	较致密	1.3	白灰渣、碎石块	垫土层
		④				砖块	未打穿
	28	①	灰褐色	较疏松	0.3	草木根须	表土层
		②	黄褐色	较疏松	1.6	白灰渣	垫土层
		③	黄褐色	较致密	1	白灰渣、碎砖块	垫土层
		④				砖块	未打穿
	29	①	灰褐色	较疏松	0.3	草木根须	表土层
		②	黄褐色	较疏松	2.15	白灰渣、碎石块	垫土层
		③	黄褐色	较致密	1.6	白灰渣、碎石块	垫土层
		④				砖块	未打穿
	30	①	灰褐色	较疏松	0.3	草木根须	表土层
		②	黄褐色夹黑色土块	较疏松	2.1	白灰块、碎石块、碎砖块	垫土层
		③	黄褐色	较致密	1.3	白灰块、炭屑	垫土层
		④	浅黄褐色	致密		较纯净	夯土层、未打穿
	31	①	灰褐色	较疏松	0.3	草木根须	表土层
		②	黄褐色	较疏松	2.2	白灰渣	垫土层
		③	黄褐色	较致密	1.4	白灰块、碎石块	垫土层
		④				石块	未打穿
	32	①	灰褐色	较疏松	0.3	草木根须	表土层
		②	黄褐色	较疏松	2.2	白灰渣、碎石块	垫土层
		③	黄褐色	较致密	1.5	白灰块、碎砖块	垫土层
		④	白色	致密		白灰三合土	未打穿
	33	①	灰褐色	较疏松	0.3	草木根须	表土层
		②	黄褐色	较疏松	2.15	白灰渣、碎石块	垫土层
		③	黄褐色	较致密	1.3	碎石块、碎砖块	垫土层
		④				石块	未打穿

续附表三

排号	孔号	地层	土色	土质	厚度(米)	包含物	备注
	34	①	灰褐色	较疏松	0.3	草木根须	表土层
		②	黄褐色	较疏松	2.15	白灰块、碎石块	垫土层
		③	黄褐色	较致密	1.8	白灰块、碎石块	垫土层
		④	白色	致密		白灰三合土	未打穿
	35	①	灰褐色	较疏松	0.3	草木根须	表土层
		②	黄褐色夹黑色土块	较疏松	2.1	白灰块、碎砖块	垫土层
		③	黄褐色	较致密	1.5	白灰块、碎石块	垫土层
		④				砖块	未打穿
	36	①	灰褐色	较疏松	0.3	草木根须	表土层
		②	黄褐色	较疏松	2.2	碎砖块	垫土层
		③	黄褐色	较致密	1.2	白灰块、碎砖块	垫土层
		④				砖块	未打穿
	37	①	灰褐色	较疏松	0.3	草木根须	表土层
		②	黄褐色	较疏松	2.4	炭屑、碎石块	垫土层
		③	黄褐色	较致密	1.3	白灰渣、碎石块	垫土层
		④				石块	未打穿
	38	①	灰褐色	较疏松	0.3	草木根须	表土层
		②	黄褐色	较疏松	1.8	白灰渣、碎砖块	垫土层
		③	黄褐色	较致密	1	白灰渣、碎砖块	垫土层
		④				砖块	未打穿
	39	①	灰褐色	较疏松	0.3	草木根须	表土层
		②	黄褐色	较疏松	2.2	白灰渣、炭屑	垫土层
		③	黄褐色	较致密	1.8	白灰渣	垫土层
		④				砖块	未打穿
	40	①	灰褐色	较疏松	0.3	草木根须	表土层
		②	黄褐色	较疏松	2.4	白灰渣、碎石块	垫土层
		③	黄褐色	较致密	1.1	白灰块、碎砖块	垫土层
		④	白色	致密		白灰三合土	未打穿
	41	①	灰褐色	较疏松	0.3	草木根须	表土层
		②	黄褐色	较疏松	2.1	碎石块、碎砖块	垫土层
		③	黄褐色	较致密	1.6	白灰块、碎砖块	垫土层
		④				砖块	未打穿

续附表三

排号	孔号	地层	土色	土质	厚度(米)	包含物	备注
	42	①	灰褐色	较疏松	0.3	草木根须	表土层
		②	黄褐色	较疏松	2.1	白灰渣	垫土层
		③	黄褐色	较致密	1.4	碎砖块、白灰块	垫土层
		④				石块	未打穿
	43	①	灰褐色	较疏松	0.3	草木根须、碎石块	表土层
		②	黄褐色	较疏松	2.1	白灰渣、草木根须	垫土层
		③	黄褐色	较致密	1.3	白灰渣	垫土层
		④				砖块	未打穿
	44	①	灰褐色	较疏松	0.3	草木根须	表土层
		②	黄褐色	较疏松	2.1	白灰渣	垫土层
		③	黄褐色	较致密	1.3	碎砖块、白灰块、炭屑	垫土层
		④				石块	未打穿
	45	①	灰褐色	较疏松	0.3	草木根须	表土层
		②	黄褐色	较疏松	2.1	白灰渣	垫土层
		③	黄褐色	较致密	1.5	碎砖块、白灰块	垫土层
		④				石块	未打穿
	46	①	灰褐色	较疏松	0.3	草木根须	表土层
		②	黄褐色	较疏松	2.1	白灰渣、碎石块	垫土层
		③	黄褐色	较致密	1.5	碎砖块、白灰块	垫土层
		④				石块	未打穿
	47	①	灰褐色	较疏松	0.3	草木根须	表土层
		②	黄褐色	较疏松	2.1	白灰渣、碎石块	垫土层
		③	黄褐色	较致密	1.1	白灰块、碎砖块	垫土层
		④	白色	致密		白灰三合土	未打穿
	48	①	灰褐色	较疏松	0.3	草木根须	表土层
		②	黄褐色	较疏松	2.1	炭屑、碎石块	垫土层
		③	黄褐色	较致密	1.7	白灰渣、碎石块	垫土层
		④				砖块	未打穿
	49	①	灰褐色	较疏松	0.3	草木根须	表土层
		②	黄褐色	较疏松	2.15	碎石块、碎砖块	垫土层
		③	黄褐色	较致密	1.7	白灰块、碎砖块、炭屑	垫土层
		④				砖块	未打穿

续附表三

排号	孔号	地层	土色	土质	厚度（米）	包含物	备注
	50	①	灰褐色	较疏松	0.3	草木根须	表土层
		②	黄褐色	较疏松	2.1	白灰渣	垫土层
		③	黄褐色	较致密	1.5	碎砖块、白灰块	垫土层
		④				石块	未打穿
	51	①	灰褐色	较疏松	0.3	草木根须	表土层
		②	黄褐色	较疏松	2.15	白灰渣、碎石块	垫土层
		③	黄褐色	较致密	1.5	白灰块、碎砖块、炭屑	垫土层
		④				砖块	未打穿
	52	①	灰褐色	较疏松	0.3	草木根须	表土层
		②	黄褐色	较疏松	2.2	白灰渣	垫土层
		③	黄褐色	较致密	1.4	碎砖块、白灰块	垫土层
		④				石块	未打穿
	53	①	灰褐色	较疏松	0.3	草木根须	表土层
		②	黄褐色	较疏松	2.15	白灰渣、碎砖块	垫土层
		③	黄褐色	较致密	1.6	白灰渣、碎石块、炭屑	垫土层
		④				砖块	未打穿
	54	①	灰褐色	较疏松	0.3	草木根须	表土层
		②	黄褐色	较疏松	2.1	白灰渣	垫土层
		③	黄褐色	较致密	1.6	白灰块、碎石块	垫土层
		④				石块	未打穿
	55	①	灰褐色	较疏松	0.3	草木根须	表土层
		②	黄褐色	较疏松	2.15	白灰渣、碎石块	垫土层
		③	黄褐色	较致密	1.4	白灰块、碎砖块	垫土层
		④				砖块	未打穿

附表四　正定城墙东城门瓮城系统考古勘探记录

排号	孔号	地层	土色	土质	厚度（米）	包含物	备注
	1	①	灰褐色	较疏松	0.3	草木根须	表土层
		②	黄褐色	较致密	1.8	白灰渣、碎砖块	垫土层
		③	浅黄褐色	较致密	1.5	较纯净	垫土层
		④				石块	未打穿
	2	①	灰褐色	较疏松	0.3	草木根须	表土层
		②	黄褐色	较疏松	1.8	白灰渣、碎砖块	垫土层
		③	黄褐色	较致密	1.2	较纯净	垫土层
		④				石块	未打穿
	3	①	灰褐色	较疏松	0.3	草木根须	表土层
		②	黄褐色	较疏松	2.2	白灰渣、碎砖块	垫土层
		③	黄褐色	较致密	1	较纯净	垫土层
		④				砖块	未打穿
	4	①	灰褐色	较疏松	0.3	草木根须	表土层
		②	黄褐色夹黑色土块	较疏松	1.65	白灰渣、炭屑	垫土层
		③	浅黄褐色	较致密	1	较纯净	垫土层
		④				石块	未打穿
	5	①	灰褐色	较疏松	0.3	草木根须	表土层
		②	黄褐色夹黑色土块	较疏松	2.1	白灰块、碎石块、碎砖块	垫土层
		③	浅黄褐色	较致密	1.4	较纯净	垫土层
		④				石块	未打穿
	6	①	灰褐色	较疏松	0.3	草木根须	表土层
		②	黄褐色	较疏松	2.15	白灰块、碎石块	垫土层
		③	浅黄褐色	较致密	1.8	较纯净	垫土层
		④	白色	致密		白灰三合土	未打穿
	7	①	灰褐色	较疏松	0.3	草木根须	表土层
		②	黄褐色	较疏松	2.1	白灰渣、碎石块	垫土层
		③	浅黄褐色	较致密	1.2	较纯净	垫土层
		④	白色	致密		白灰三合土	未打穿
	8	①	灰褐色	较疏松	0.3	草木根须	表土层
		②	黄褐色	较疏松	2.15	白灰渣、碎石块	垫土层
		③	黄褐色	较致密	1.6	碎石块、碎砖块	垫土层
		④				石块	未打穿
	9	①	灰褐色	较疏松	0.3	草木根须、碎石块	表土层
		②	黄褐色	较疏松	2.15	碎石块、碎砖块	垫土层
		③	黄褐色	较致密	1.4	白灰块、碎砖块	垫土层

续附表四

排号	孔号	地层	土色	土质	厚度（米）	包含物	备注
		④				砖块	未打穿
	10	①	灰褐色	较疏松	0.3	草木根须	表土层
		②	黄褐色夹黑色土块	较疏松	2.1	白灰块、碎石块、碎砖块	垫土层
		③	黄褐色	较致密	1.4	白灰块、碎石块	垫土层
		④				石块	未打穿
	11	①	灰褐色	较疏松	0.3	草木根须	表土层
		②	黄褐色	较疏松	2.1	碎石块、碎砖块	垫土层
		③	黄褐色	较致密	1.6	白灰块、碎砖块	垫土层
		④				砖块	未打穿
	12	①	灰褐色	较疏松	0.3	草木根须	表土层
		②	黄褐色	较疏松	2.2	白灰渣、碎石块	垫土层
		③	黄褐色	较致密	1.6	白灰渣、碎石块	垫土层
		④				砖块	未打穿
	13	①	灰褐色	较疏松	0.3	草木根须	表土层
		②	黄褐色	较疏松	2.2	白灰渣、碎砖块	垫土层
		③	黄褐色	较致密	1.3	白灰渣、碎石块	垫土层
		④				石块	未打穿
	14	①	灰褐色	较疏松	0.3	草木根须、碎石块	表土层
		②	黄褐色	较疏松	2.4	白灰渣、草木根须	垫土层
		③	黄褐色	较致密	1.1	白灰渣	垫土层
		④				砖块	未打穿
	15	①	灰褐色	较疏松	0.3	草木根须	表土层
		②	黄褐色	较疏松	1.8	白灰渣、碎石块	垫土层
		③	黄褐色	较致密	1.3	白灰块、碎砖块	垫土层
		④	白色	致密		白灰三合土	未打穿
	16	①	灰褐色	较疏松	0.3	草木根须	表土层
		②	黄褐色	较疏松	2.1	白灰渣	垫土层
		③	黄褐色	较致密	1.4	白灰块、碎石块	垫土层
		④	浅黄褐色	致密		较纯净	夯土层、未打穿
	17	①	灰褐色	较疏松	0.3	草木根须	表土层
		②	黄褐色	较疏松	2.1	白灰渣	垫土层
		③	黄褐色	较致密	1.5	碎砖块、白灰块	垫土层
		④	浅黄褐色	致密		较纯净	夯土层、未打穿
	18	①	灰褐色	较疏松	0.3	草木根须	表土层
		②	黄褐色	较疏松	1.8	白灰渣、碎石块	垫土层

续附表四

排号	孔号	地层	土色	土质	厚度（米）	包含物	备注
		③	黄褐色	较致密	1.2	白灰块、碎砖块	垫土层
		④				砖块	未打穿
	19	①	灰褐色	较疏松	0.3	草木根须	表土层
		②	黄褐色	较疏松	2.2	白灰渣、碎砖块	垫土层
		③	黄褐色	较致密	1.5	白灰渣、炭屑	垫土层
		④				砖块	未打穿
	20	①	灰褐色	较疏松	0.3	草木根须	表土层
		②	黄褐色	较疏松	2.1	白灰渣、碎石块	垫土层
		③	黄褐色	较致密	1.5	碎砖块、白灰块	垫土层
		④	浅黄褐色	致密		较纯净	夯土层、未打穿
	21	①	灰褐色	较疏松	0.3	草木根须	表土层
		②	黄褐色	较疏松	1.5	碎砖块、碎石块	垫土层
		③	黄褐色	较致密	1	白灰渣	垫土层
		④				砖块	未打穿
	22	①	灰褐色	较疏松	0.3	草木根须	表土层
		②	黄褐色	较疏松	2.6	碎砖块、碎石块	垫土层
		③				石块	未打穿
	23	①	灰褐色	较疏松	0.3	草木根须	表土层
		②	黄褐色	较疏松	2.5	白灰渣、碎石块	垫土层
		③				砖块	未打穿
	24	①	灰褐色	较疏松	0.3	草木根须	表土层
		②	黄褐色	较疏松	2.6	碎砖块、白灰渣	垫土层
		③				砖块	未打穿
	25	①	灰褐色	较疏松	0.3	草木根须	表土层
		②	黄褐色	较疏松	2.5	碎石块、碎砖块	垫土层
		③				砖块	未打穿
	26	①	灰褐色	较疏松	0.3	草木根须、碎砖块	表土层
		②	黄褐色	较致密	2.1	白灰渣、炭屑	垫土层
		③	浅黄褐色	较致密	1.6	白灰渣、碎砖块	垫土层
		④				石块	未打穿
	27	①	灰褐色	较疏松	0.3	草木根须	表土层
		②	黄褐色	较疏松	2.2	白灰渣、碎砖块	垫土层
		③	黄褐色	较致密	1.7	白灰块、炭屑	垫土层
		④				石块	未打穿

续附表四

排号	孔号	地层	土色	土质	厚度（米）	包含物	备注
	28	①	灰褐色	较疏松	0.3	草木根须	表土层
		②	黄褐色	较疏松	2.2	白灰渣	垫土层
		③	黄褐色	较致密	1.3	白灰渣、碎砖块	垫土层
		④	白色	致密		白灰三合土	未打穿
	29	①	灰褐色	较疏松	0.3	草木根须	表土层
		②	黄褐色夹黑色土块	较疏松	2.2	白灰渣、炭屑	垫土层
		③	黄褐色	较致密	1.1	白灰渣、碎砖块	垫土层
		④				砖块	未打穿
	30	①	灰褐色	较疏松	0.3	草木根须	表土层
		②	黄褐色夹黑色土块	较疏松	1.8	白灰块、碎石块、碎砖块	垫土层
		③	黄褐色	较致密	1.3	白灰块、炭屑	垫土层
		④				砖块	未打穿
	31	①	灰褐色	较疏松	0.3	草木根须	表土层
		②	黄褐色	较疏松	2.15	白灰块、炭屑	垫土层
		③	黄褐色	较致密	1.6	白灰块、碎石块	垫土层
		④	白色	致密		白灰三合土	未打穿
	32	①	灰褐色	较疏松	0.3	草木根须	表土层
		②	黄褐色	较疏松	1.6	白灰渣、碎石块	垫土层
		③	黄褐色	较致密	1	白灰块、碎砖块	垫土层
		④	白色	致密		白灰三合土	未打穿
	33	①	灰褐色	较疏松	0.3	草木根须	表土层
		②	黄褐色	较疏松	2.2	白灰渣、碎石块	垫土层
		③	黄褐色	较致密	1.3	碎石块、碎砖块	垫土层
			浅黄褐色	致密		较纯净	夯土层、未打穿
	34	①	灰褐色	较疏松	0.3	草木根须	表土层
		②	黄褐色	较疏松	1.8	碎石块、碎砖块	垫土层
		③	黄褐色	较致密	1.6	白灰块、碎砖块、炭屑	垫土层
		④				石块	未打穿
	35	①	灰褐色	较疏松	0.3	草木根须	表土层
		②	黄褐色夹黑色土块	较疏松	2.2	白灰块、碎砖块	垫土层
		③	黄褐色	较致密	1.4	白灰块、碎石块	垫土层
		④				砖块	未打穿
	36	①	灰褐色	较疏松	0.3	草木根须	表土层
		②	黄褐色	较疏松	2.2	碎砖块	垫土层
		③	黄褐色	较致密	1.6	白灰块、碎砖块	垫土层

续附表四

排号	孔号	地层	土色	土质	厚度（米）	包含物	备注
		④				砖块	未打穿
	37	①	灰褐色	较疏松	0.3	草木根须	表土层
		②	黄褐色	较疏松	1.7	炭屑、碎石块	垫土层
		③	黄褐色	较致密	1.2	白灰渣、碎石块	垫土层
		④				砖块	未打穿
	38	①	灰褐色	较疏松	0.3	草木根须	表土层
		②	黄褐色	较疏松	2.2	白灰渣、碎砖块	垫土层
		③	黄褐色	较致密	1.6	白灰渣、碎石块、炭屑	垫土层
		④	浅黄褐色	致密		较纯净	夯土层、未打穿
	39	①	灰褐色	较疏松	0.3	草木根须	表土层
		②	黄褐色	较疏松	2.1	白灰渣、炭屑	垫土层
		③	黄褐色	较致密	1.2	白灰渣	垫土层
		④				石块	未打穿
	40	①	灰褐色	较疏松	0.3	草木根须	表土层
		②	黄褐色	较疏松	2.2	白灰渣、碎石块	垫土层
		③	黄褐色	较致密	1.5	白灰块、碎砖块、炭屑	垫土层
		④				砖块	未打穿
	41	①	灰褐色	较疏松	0.3	草木根须	表土层
		②	黄褐色	较疏松	2.1	白灰渣	垫土层
		③	黄褐色	较致密	1.2	白灰块、碎石块	垫土层
		④				石块	未打穿
	42	①	灰褐色	较疏松	0.3	草木根须	表土层
		②	黄褐色	较疏松	1.8	白灰渣	垫土层
		③	黄褐色	较致密	1.4	碎砖块、白灰块	垫土层
		④	浅黄褐色	致密		较纯净	夯土层、未打穿
	43	①	灰褐色	较疏松	0.3	草木根须	表土层
		②	黄褐色	较疏松	2.2	白灰渣	垫土层
		③	黄褐色	较致密	1.2	白灰块、碎石块	垫土层
		④				石块	未打穿
	44	①	灰褐色	较疏松	0.3	草木根须	表土层
		②	黄褐色	较疏松	1.8	白灰渣	垫土层
		③	黄褐色	较致密	1.3	碎砖块、白灰块、炭屑	垫土层
		④				石块	未打穿

附表五　正定城墙东城门月城系统考古勘探记录

排号	孔号	地层	土色	土质	厚度（米）	包含物	备注
	1	①	灰褐色	较疏松	0.3	草木根须、碎砖块	表土层
		②	黄褐色	较疏松	0.3	碎砖块、炭屑	垫土层
		③	黄褐色	较致密	0.6	白灰渣、碎砖块	垫土层
		④	深灰褐色	致密	0.4	白灰颗粒、黄土颗粒	路土层
		⑤	灰褐色	致密		较纯净	夯土层、未打穿
	2	①	灰褐色	较疏松	0.3	草木根须、碎砖块	表土层
		②	黄褐色	较疏松	1.5	炭屑、白灰渣、碎砖块	垫土层
		③	黄褐色	较致密	0.7	炭屑、碎砖块	垫土层
		④	白色	致密		白灰三合土	未打穿
	3	①	灰褐色	较疏松	0.3	草木根须、碎石块	表土层
		②	黄褐色	较疏松	1.3	草木根须、白灰渣、碎砖块	垫土层
		③	深褐色	较致密	0.3	碎砖块、炭屑	垫土层
		④				石块	未打穿
	4	①	灰褐色	较疏松	0.3	草木根须、碎石块	表土层
		②	黄褐色	较疏松	1.4	草木根须、白灰渣	垫土层
		③	深褐色	较致密	1	白灰渣、碎砖块	垫土层
		④				石块	未打穿
	5	①	灰褐色	较疏松	0.3	草木根须、碎石块	表土层
		②	黄褐色	较疏松	1.8	草木根须、白灰渣、碎砖块	垫土层
		③	黄褐色	较致密	1	炭屑	垫土层
		④	白色	致密		白灰三合土	未打穿
	6	①	灰褐色	较疏松	0.3	草木根须、碎石块	表土层
		②	黄褐色	较疏松	1.7	碎砖块	垫土层
		③	深褐色	较致密	1.3	炭屑、白灰渣	垫土层
		④	白色	致密		白灰三合土	未打穿
	7	①	灰褐色	较疏松	0.3	草木根须、碎石块	表土层
		②	黄褐色	较疏松	0.8	草木根须、炭屑	垫土层
		③	黄褐色	较致密	0.6	较纯净	垫土层
		④	深灰褐色	致密	0.3	白灰颗粒	路土层
		⑤				砖块	未打穿
	8	①	灰褐色	较疏松	0.3	草木根须、碎石块	表土层
		②	黄褐色	较疏松	1.5	草木根须、碎石块	垫土层
		③	深褐色	较致密	0.5	炭屑、白灰渣	垫土层

续附表五

排号	孔号	地层	土色	土质	厚度（米）	包含物	备注
		④				砖块	未打穿
	9	①	灰褐色	较疏松	0.3	碎石块	表土层
		②	黄褐色	较疏松	1	较纯净	垫土层
		③	黄褐色	较致密	0.6	白灰渣、碎砖块	垫土层
		④	深灰褐色	致密	0.8	炭屑、碎砖块	路土层
		⑤	灰褐色	致密		较纯净	夯土层、未打穿
	10	①	灰褐色	较疏松	0.3	草木根须	表土层
		②	黄褐色	较疏松	1.5	草木根须、白灰渣、炭屑	垫土层
		③	深褐色	较致密	0.9	炭屑、碎砖块	垫土层
		④				砖块	未打穿
	11	①	灰褐色	较疏松	0.3	碎砖块	表土层
		②	黄褐色	较疏松	1.7	碎石块、白灰渣	垫土层
		③	黄褐色	较致密	0.3	炭屑、白灰渣	垫土层
		④				石块	未打穿
	12	①	灰褐色	较疏松	0.3	草木根须、碎砖块	表土层
		②	黄褐色	较疏松	1.4	碎石块、白灰渣	垫土层
		③	深褐色	较致密	0.5	炭屑、碎砖块	垫土层
		④				石块	未打穿
	13	①	灰褐色	较疏松	0.3	碎石块	表土层
		②	黄褐色	较疏松	1.7	碎砖块、白灰颗粒	垫土层
		③	深褐色	较致密	0.9	炭屑、白灰渣	垫土层
		④				石块	未打穿
	14	①	灰褐色	较疏松	0.3	碎砖块、白灰渣	表土层
		②	黄褐色	较疏松	1.7	碎砖块、白灰渣	垫土层
		③	黄褐色	较致密	1.2	炭屑、白灰渣、碎石块	垫土层
		④				砖块	未打穿
	15	①	灰褐色	较疏松	0.3	草木根须	表土层
		②	黄褐色	较疏松	1.4	碎砖块、白灰渣	垫土层
		③	深褐色	较致密	0.8	白灰渣、碎石块	垫土层
		④				石块	未打穿
	16	①	灰褐色	较疏松	0.3	草木根须、碎石块	表土层
		②	黄褐色	较疏松	1.6	碎砖块、炭屑	垫土层
		③	深褐色	较致密	0.6	炭屑、红烧土颗粒	垫土层

续附表五

排号	孔号	地层	土色	土质	厚度（米）	包含物	备注
		④				砖块	未打穿
	17	①	灰褐色	较疏松	0.3	白灰渣、碎石块	表土层
		②	黄褐色	较疏松	1.3	碎砖块、炭屑、白灰渣	垫土层
		③	深褐色	较致密	0.6	炭屑、碎砖块	垫土层
		④				石块	未打穿
	18	①	灰褐色	较疏松	0.3	草木根须、碎石块	表土层
		②	黄褐色	较疏松	1.8	草木根须、白灰渣、碎砖块	垫土层
		③	黄褐色	较致密	0.9	碎砖块、炭屑	垫土层
		④	白色	致密		白灰三合土	未打穿
	19	①	灰褐色	较疏松	0.3	草木根须、碎石块	表土层
		②	黄褐色	较疏松	1.3	草木根须、白灰渣	垫土层
		③	深褐色	较致密	0.5	白灰渣、碎砖块	垫土层
		④				石块	未打穿
	20	①	灰褐色	较疏松	0.3	草木根须、碎石块	表土层
		②	黄褐色	较疏松	1.6	草木根须、白灰渣、碎砖块	垫土层
		③	黄褐色	较致密	0.4	炭屑	垫土层
		④	白色	致密		白灰三合土	未打穿
	21	①	灰褐色	较疏松	0.3	草木根须、碎石块	表土层
		②	黄褐色	较疏松	0.9	碎砖块	垫土层
		③	黄褐色	较致密	0.8	白灰渣、碎砖块	垫土层
		④	深灰褐色	致密	0.6	较纯净	路土层
		⑤	灰褐色	致密		白灰颗粒、黄土颗粒	夯土层、未打穿
	22	①	灰褐色	较疏松	0.3	草木根须、碎石块	表土层
		②	黄褐色	较疏松	1.6	草木根须、炭屑	垫土层
		③	黄褐色	较致密	0.8	炭屑、白灰渣	垫土层
		④				砖块	未打穿
	23	①	灰褐色	较疏松	0.3	草木根须、碎石块	表土层
		②	黄褐色	较疏松	1.8	草木根须、碎石块	垫土层
		③	黄褐色	较致密	1.1	炭屑、白灰渣	垫土层
		④	白色	致密		白灰三合土	未打穿
	24	①	灰褐色	较疏松	0.3	草木根须、碎石块	表土层
		②	黄褐色	较疏松	1.4	碎砖块	垫土层
		③	黄褐色	较致密	0.3	炭屑、白灰渣	垫土层
		④	深灰褐色	致密	0.6	较纯净	路土层

续附表五

排号	孔号	地层	土色	土质	厚度（米）	包含物	备注
		⑤	灰褐色	致密		白灰颗粒、黄土颗粒	夯土层、未打穿
	25	①	灰褐色	较疏松	0.3	草木根须	表土层
		②	黄褐色	较疏松	1.6	草木根须、白灰渣、炭屑	垫土层
		③	黄褐色	较致密	0.7	炭屑、碎砖块	垫土层
		④				石块	未打穿
	26	①	灰褐色	较疏松	0.3	碎砖块	表土层
		②	黄褐色	较疏松	1.8	碎石块、白灰渣	垫土层
		③	黄褐色	较致密	0.5	炭屑、白灰渣	垫土层
		④				砖块	未打穿
	27	①	灰褐色	较疏松	0.3	草木根须、碎砖块	表土层
		②	黄褐色	较疏松	1.4	碎石块、白灰渣	垫土层
		③	黄褐色	较致密	0.3	炭屑、碎砖块	垫土层
		④				石块	未打穿
	28	①	灰褐色	较疏松	0.3	草木根须、白灰渣	表土层
		②	黄褐色	较疏松	0.5	碎砖块、白灰渣	垫土层
		③	黄褐色	较致密	0.8	炭屑	垫土层
		④	白色	致密		白灰三合土	未打穿
	29	①	灰褐色	较疏松	0.3	碎砖块、白灰渣	表土层
		②	黄褐色	较疏松	1.6	碎砖块、白灰渣	垫土层
		③	黄褐色	较致密	0.8	炭屑、白灰渣、碎石块	垫土层
		④	白色	致密		白灰三合土	未打穿
	30	①	灰褐色	较疏松	0.3	草木根须	表土层
		②	黄褐色	较疏松	1.8	碎砖块、白灰渣	垫土层
		③	黄褐色	较致密	0.6	白灰渣、碎石块	垫土层
		④	白色	致密		白灰三合土	未打穿
	31	①	灰褐色	较疏松	0.3	草木根须、碎砖块	表土层
		②	黄褐色	较疏松	1.4	碎石块、白灰渣	垫土层
		③	黄褐色	较致密	0.4	炭屑、碎砖块	垫土层
		④				石块	未打穿
	32	①	灰褐色	较疏松	0.3	草木根须、白灰颗粒	表土层
		②	黄褐色	较疏松	1.5	碎砖块、白灰渣	垫土层
		③	黄褐色	较致密	0.8	炭屑	垫土层
		④				砖块	未打穿

实测图

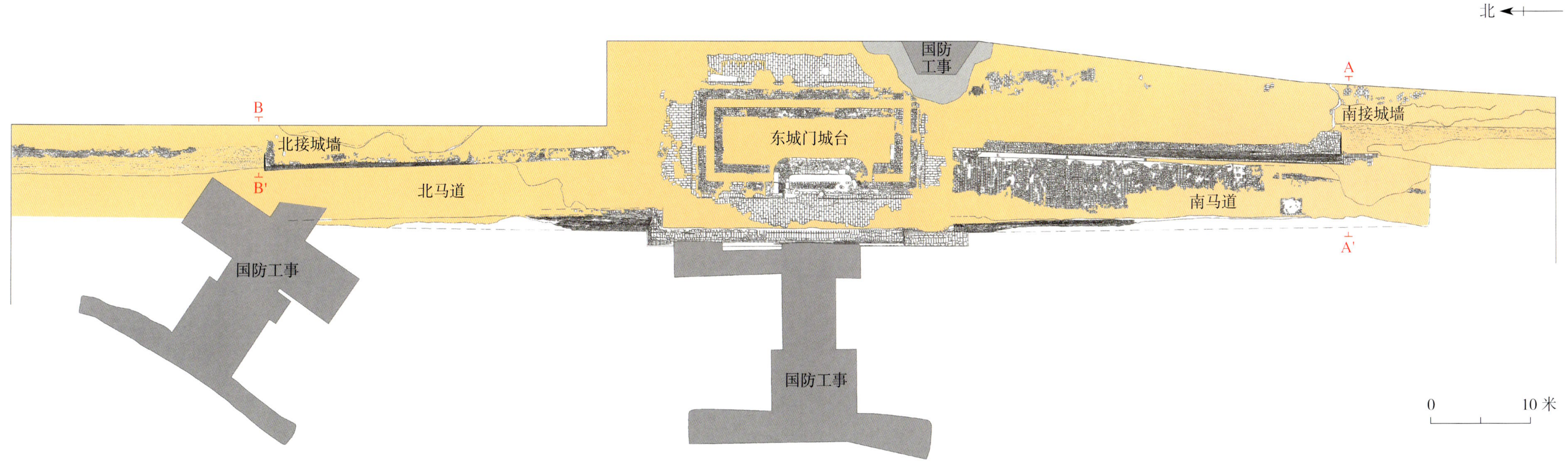

1. 平面图

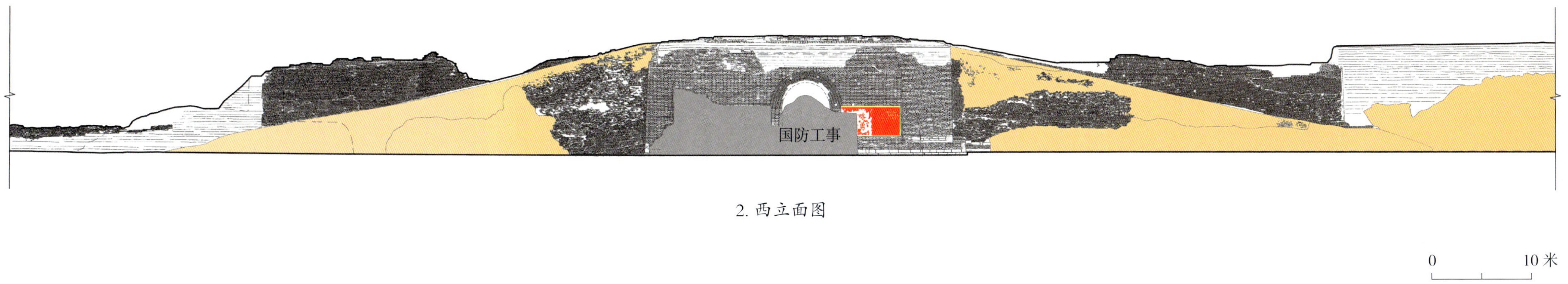

2. 西立面图

一 东城门主城系统平面图、西立面图

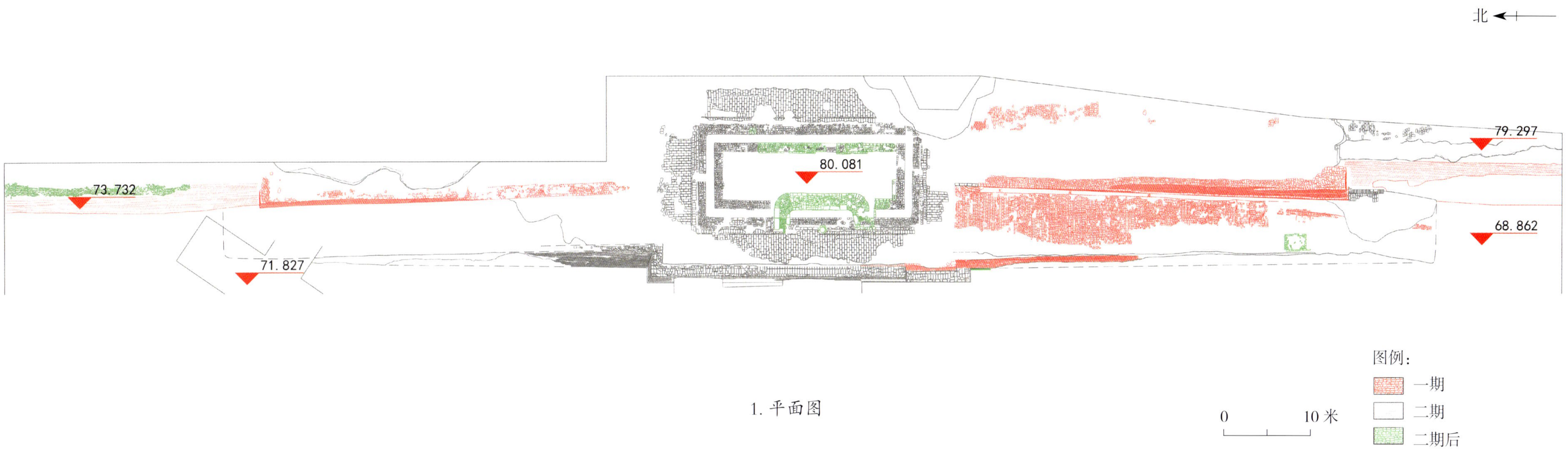

1. 平面图

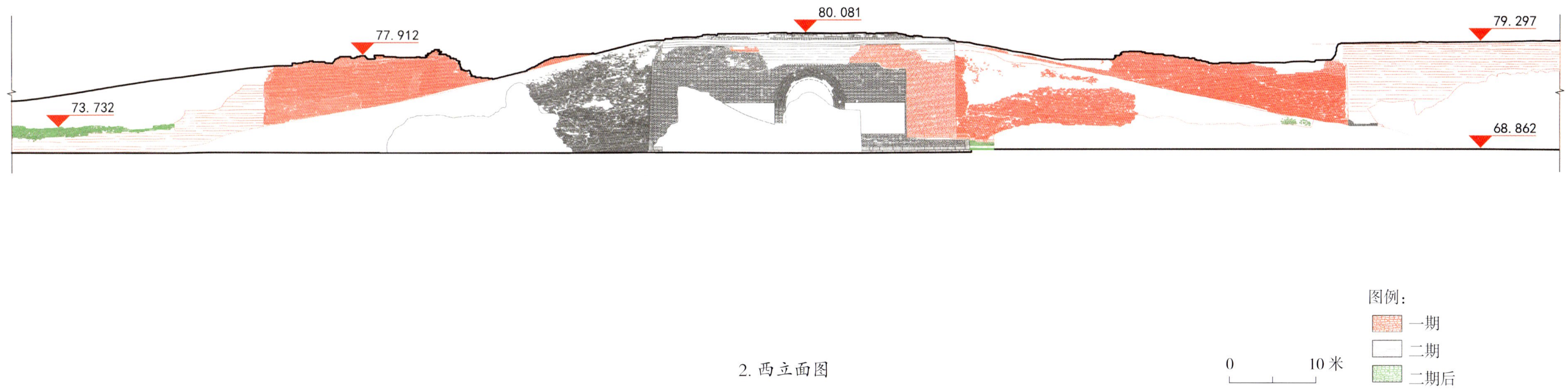

2. 西立面图

二　东城门主城系统分期平面图、西立面图

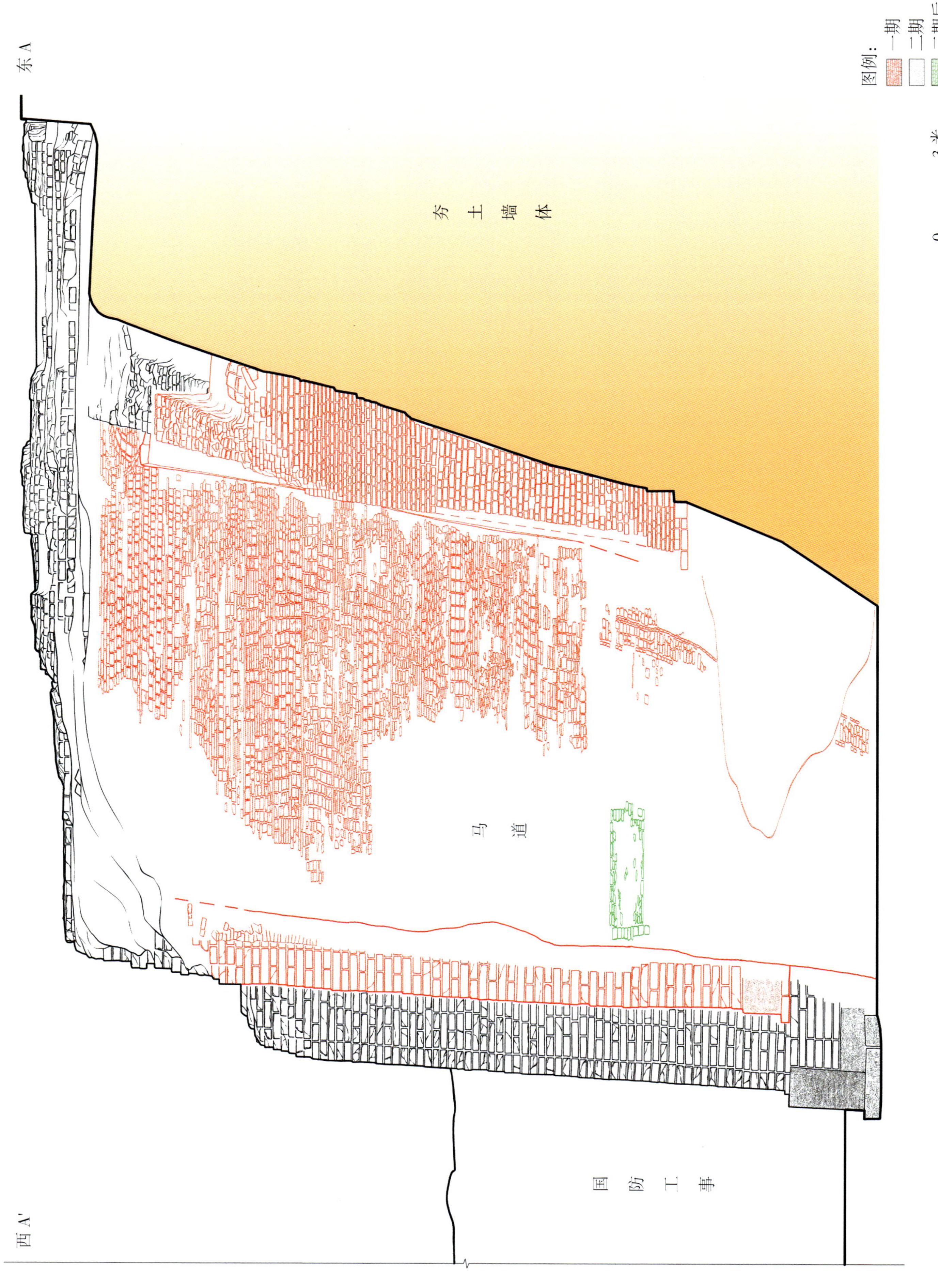

三 东城门主城系统南剖面图

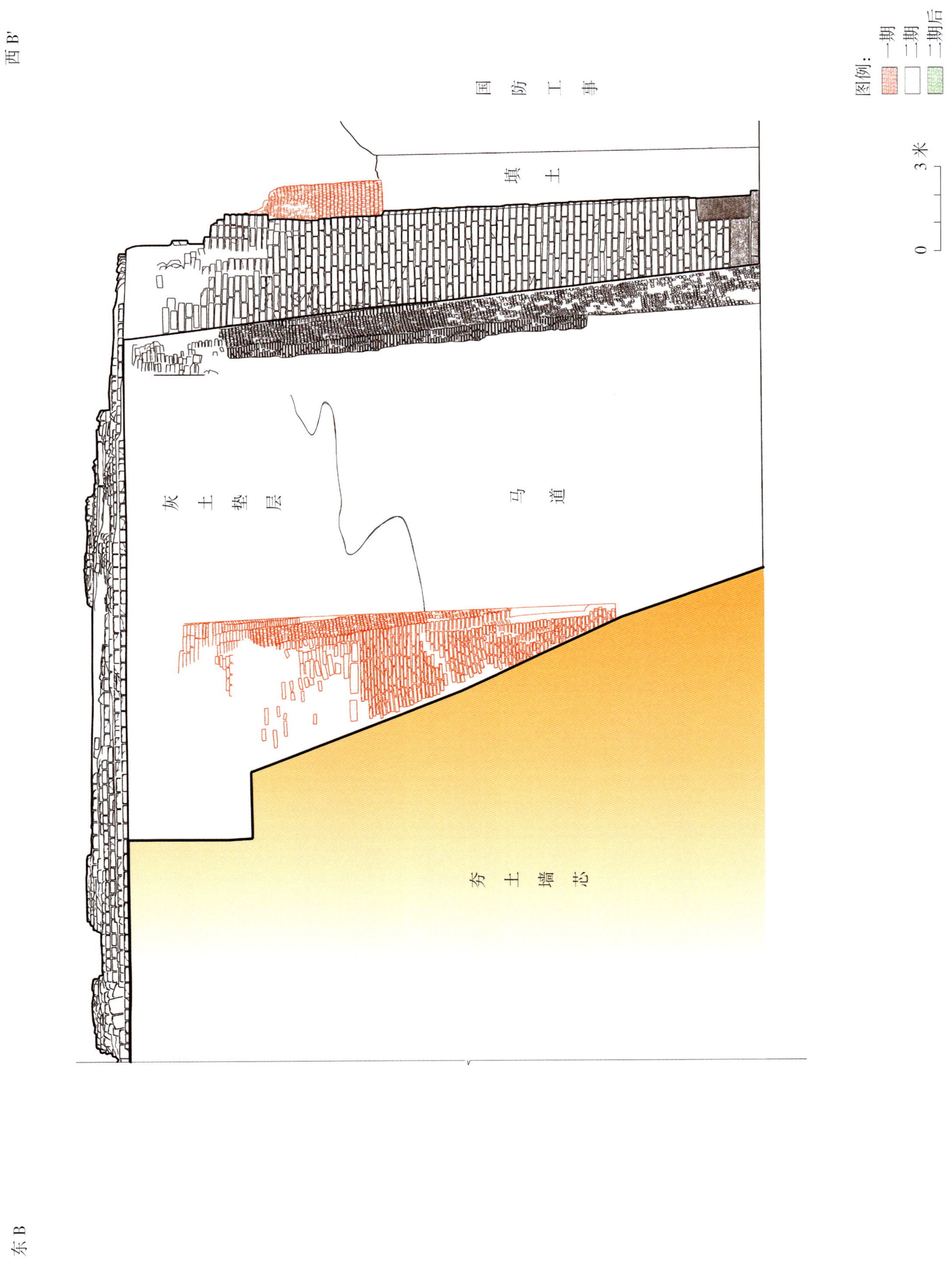

四 东城门主城系统北剖面图

1. 平面图

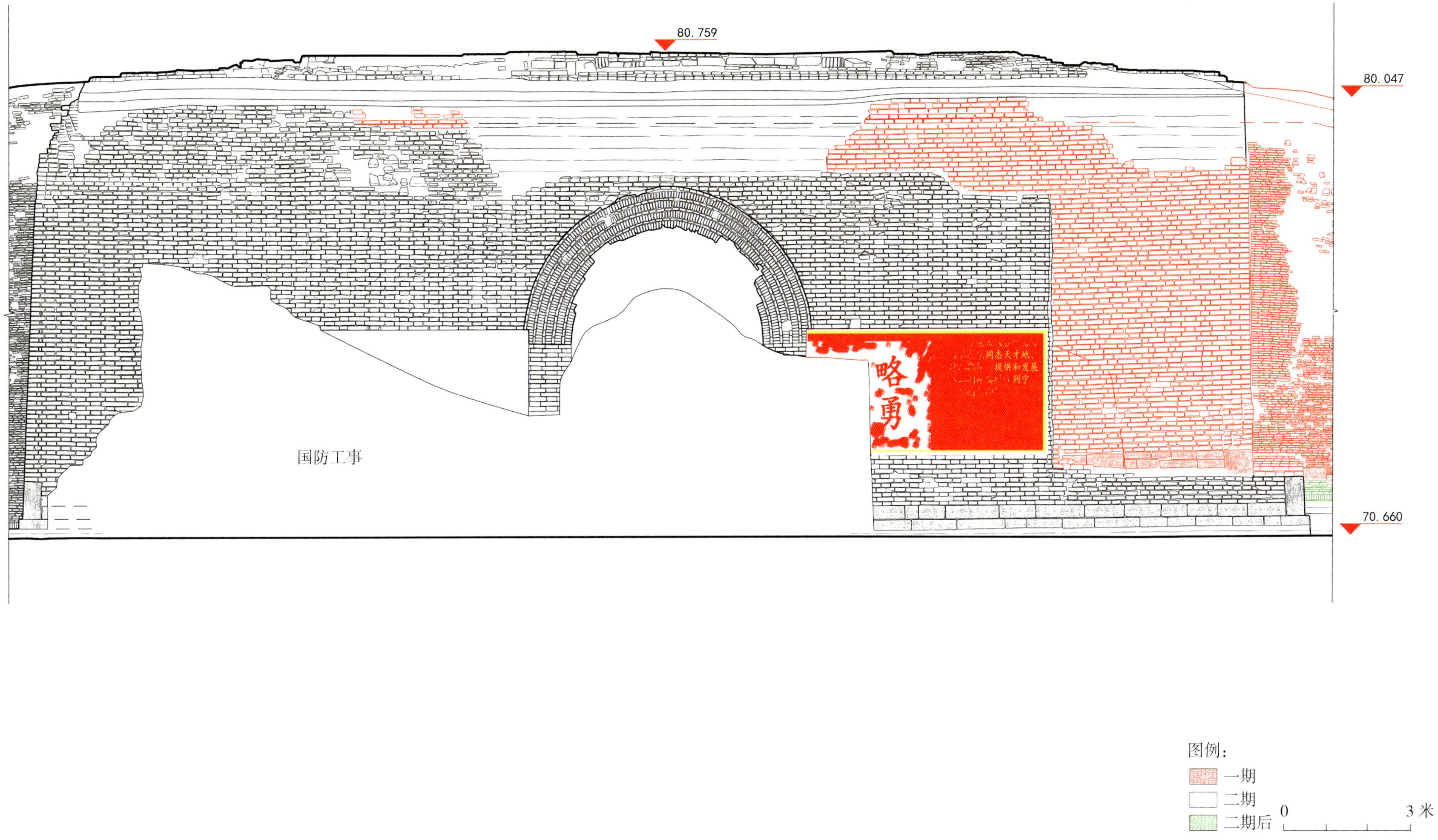

2. 西立面图

五 主城门平面图、西立面图

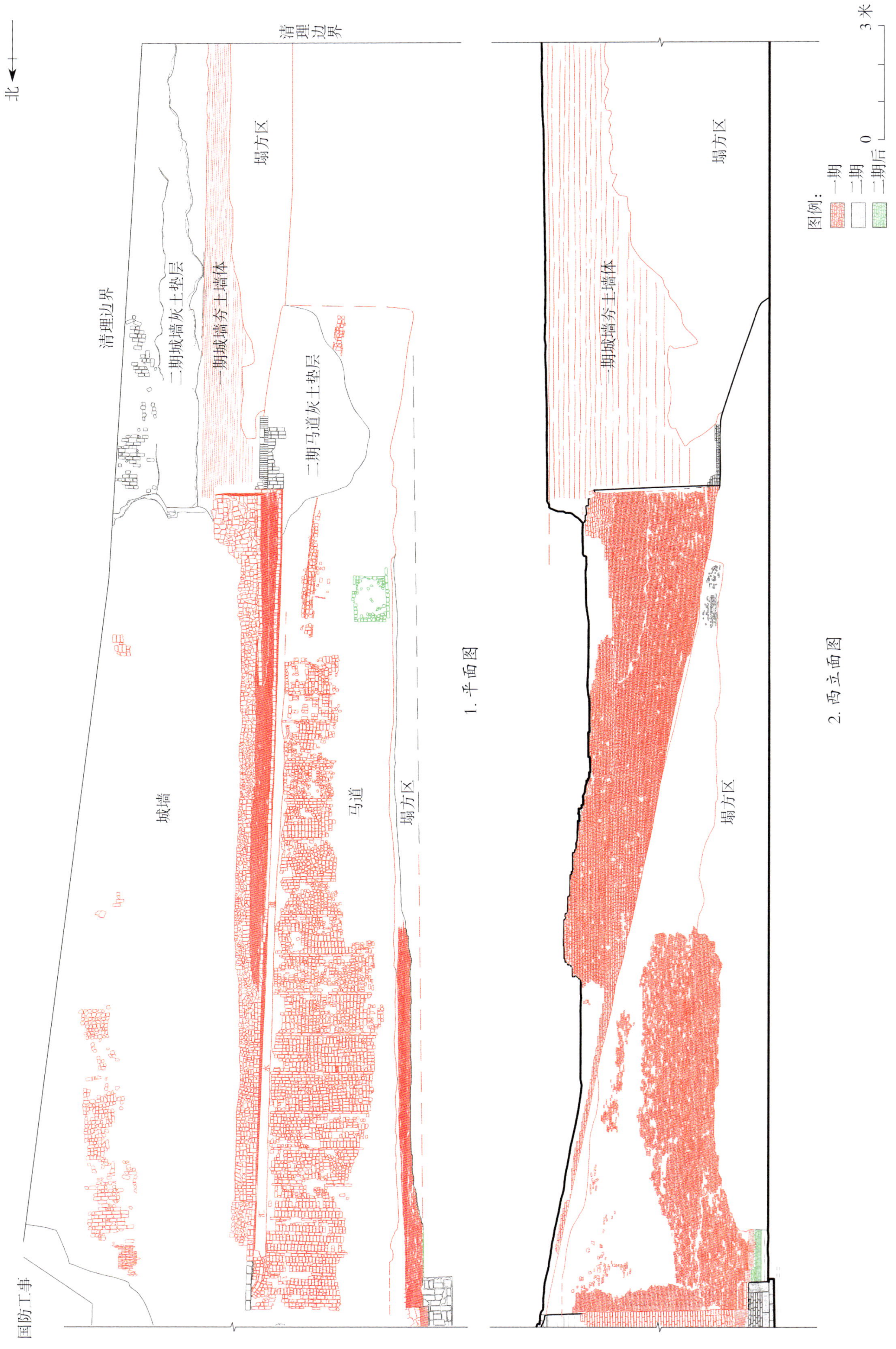

六　南接主城门马道及城墙平面图、西立面图

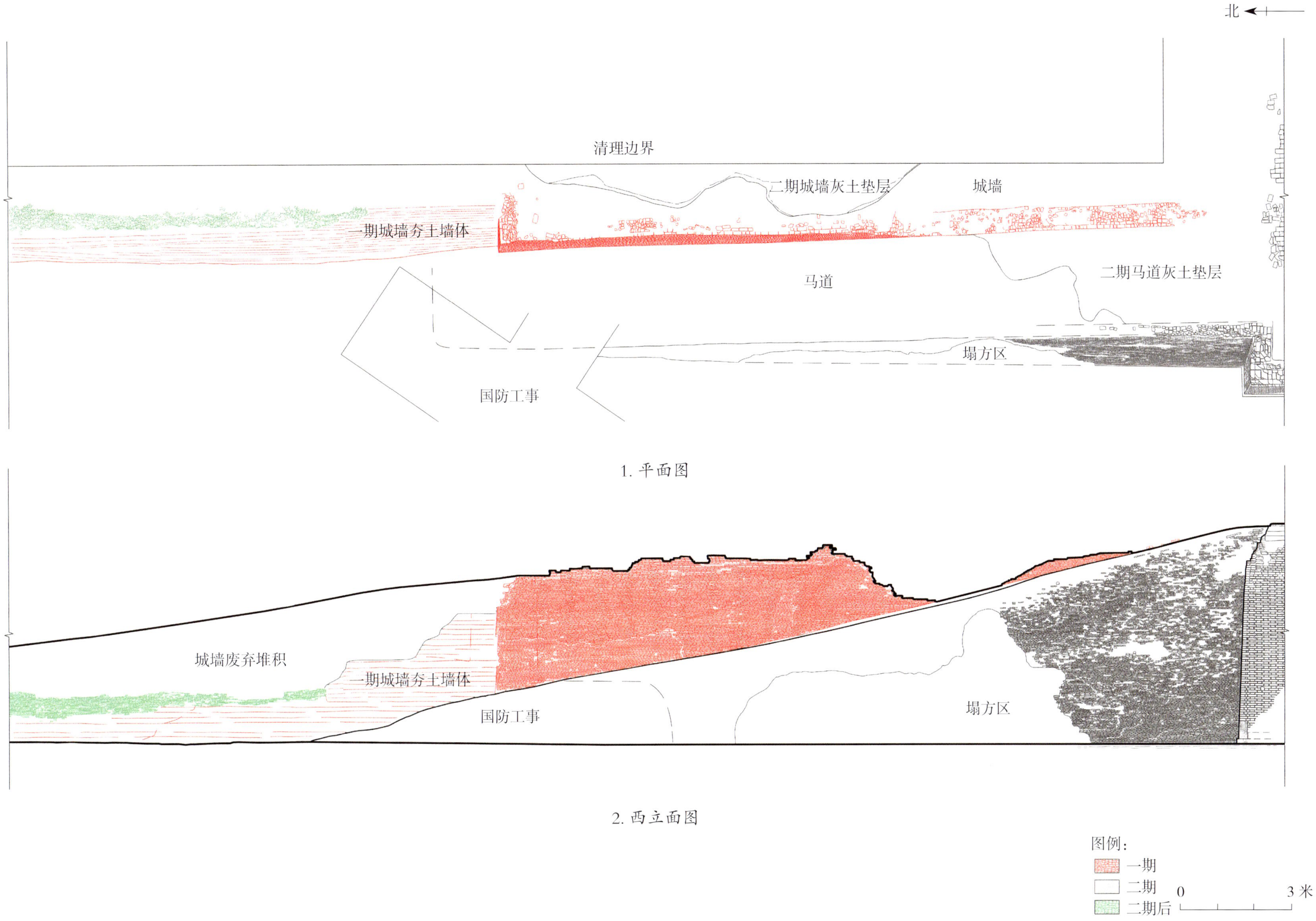

七　北接主城门马道及城墙平面图、西立面图

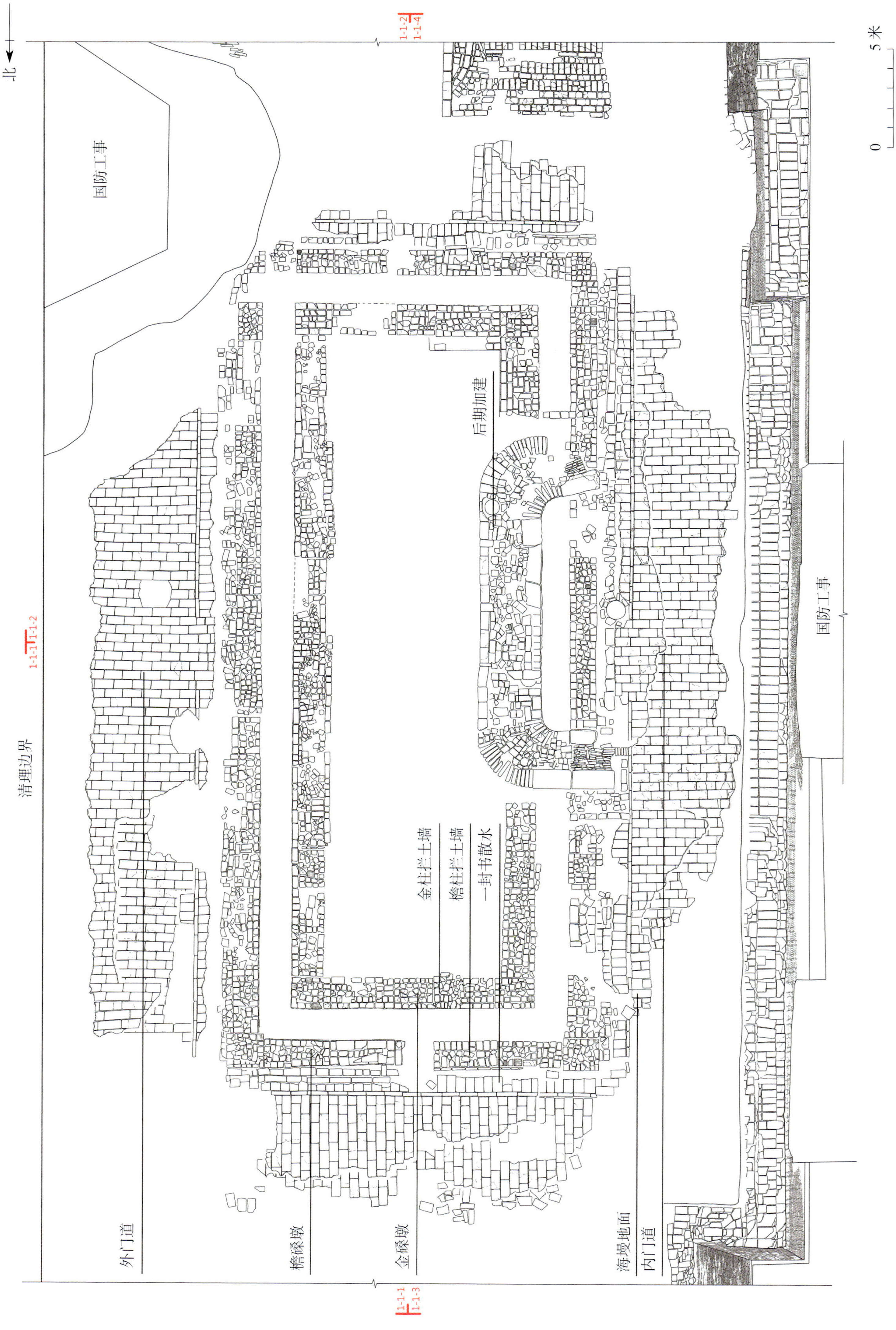

八　东城门主城城台平面图（1-1）

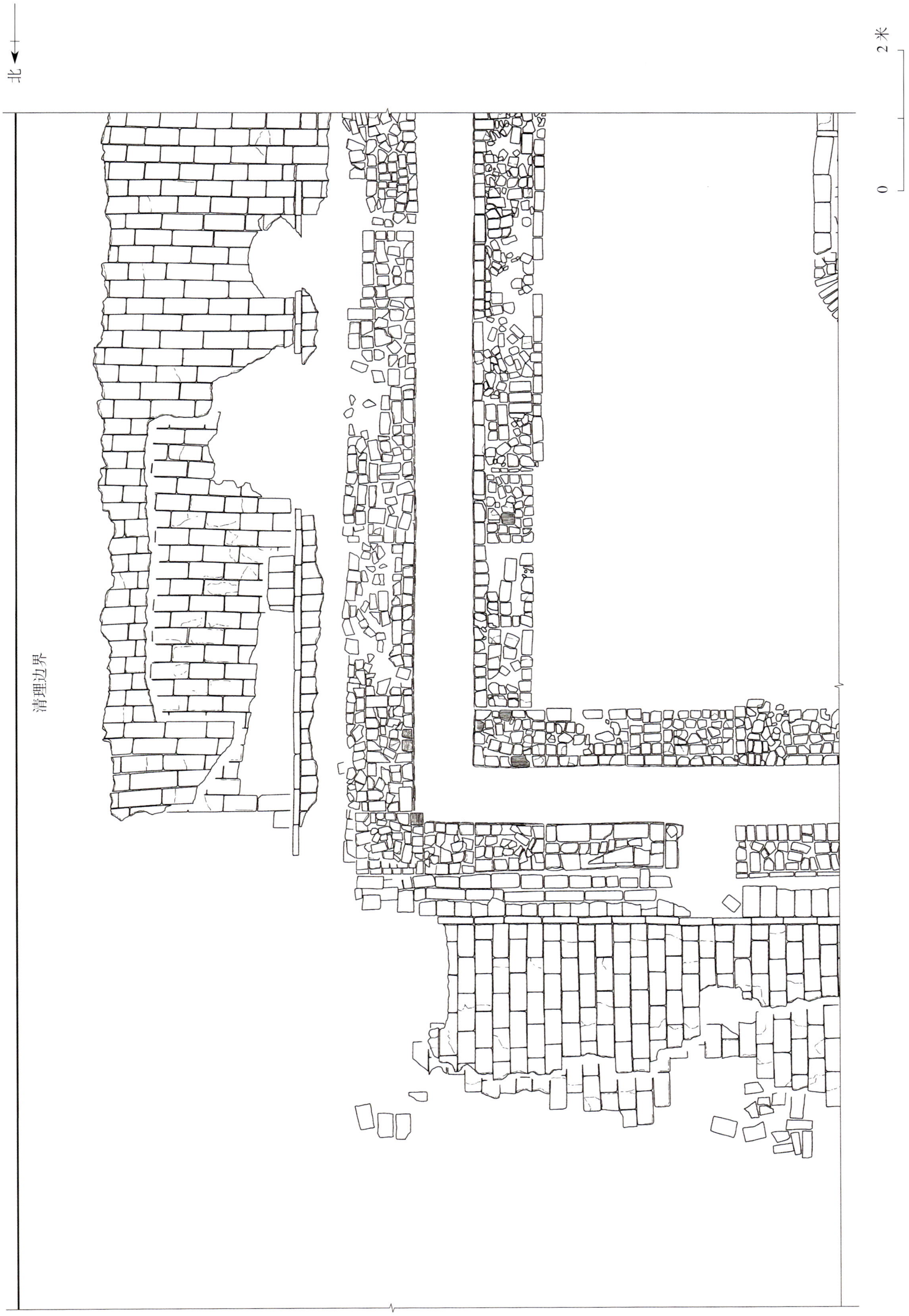

九　东城门主城城台平面图（1-1-1）

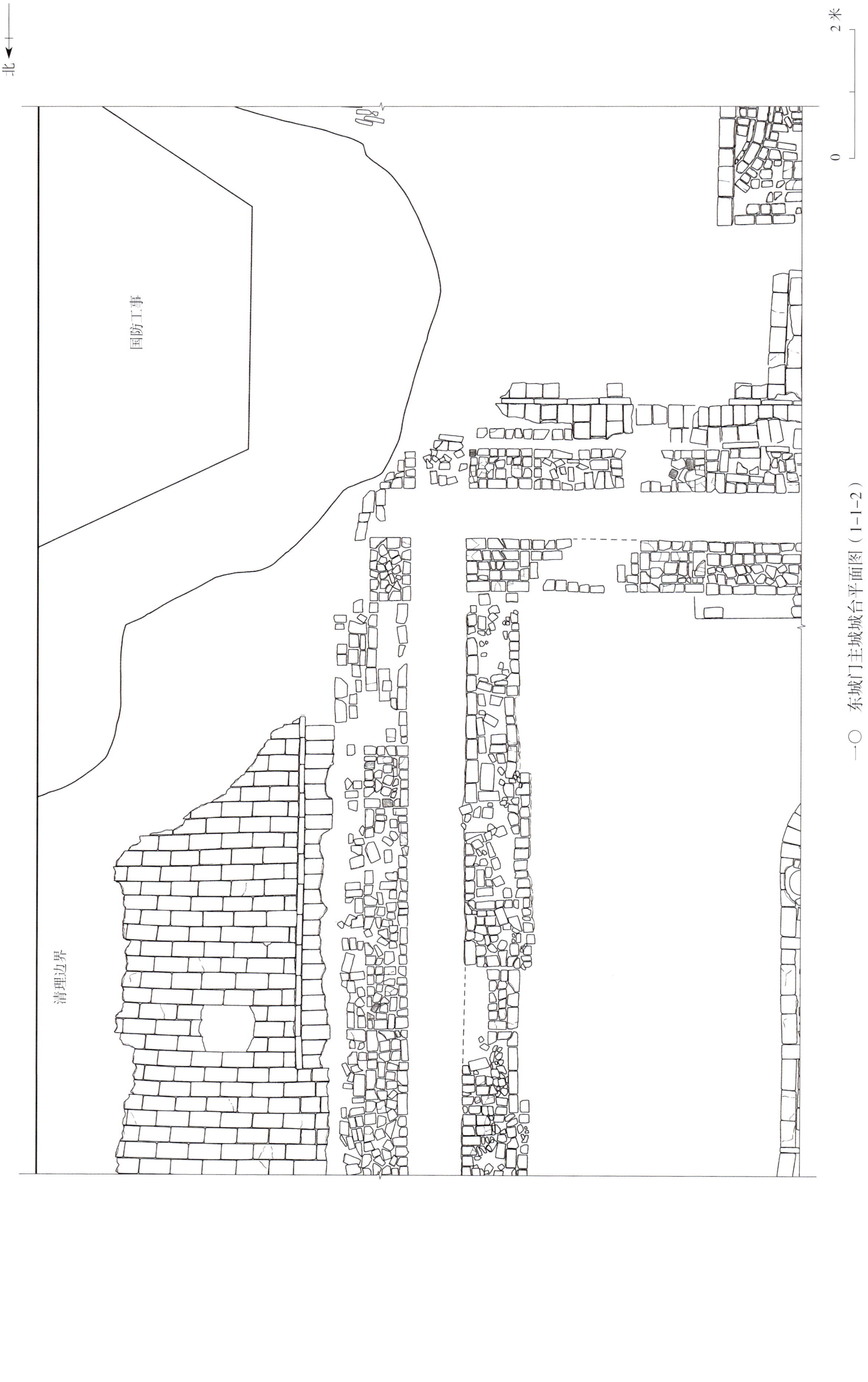

一〇　东城门主城城台平面图（1-1-2）

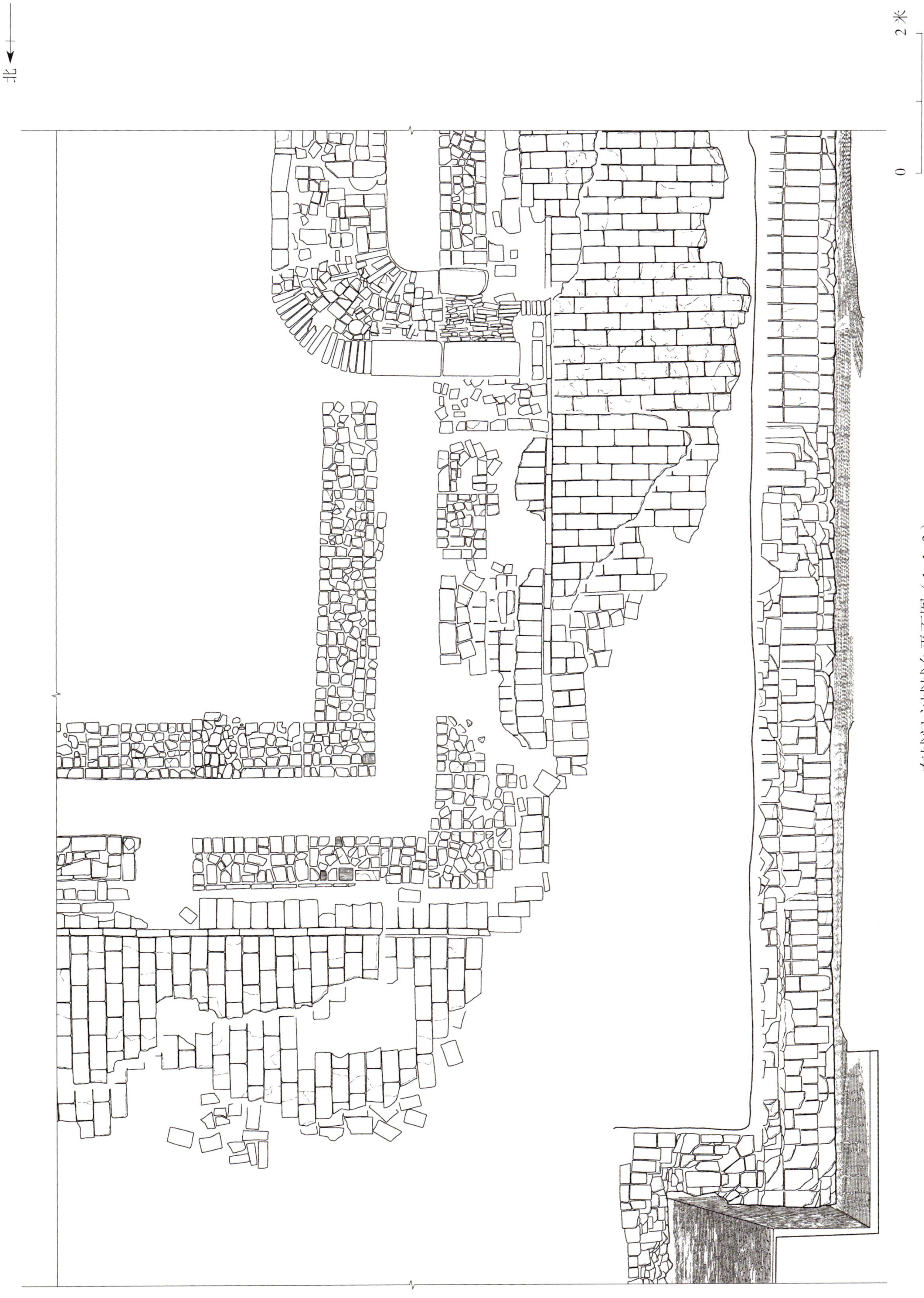

一一 东城门主城城台平面图（1-1-3）

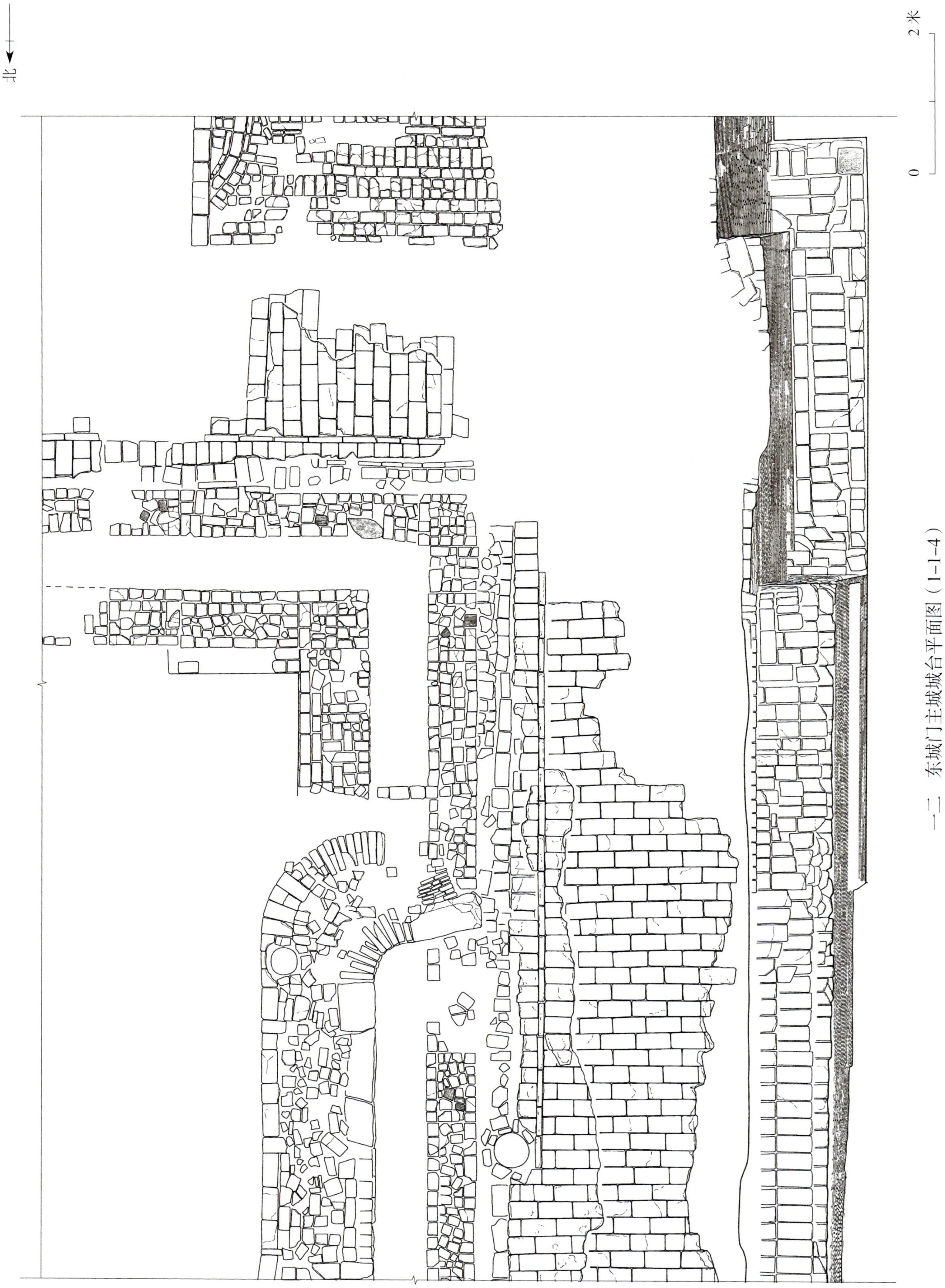

一二　东城门主城城台平面图（1-1-4）

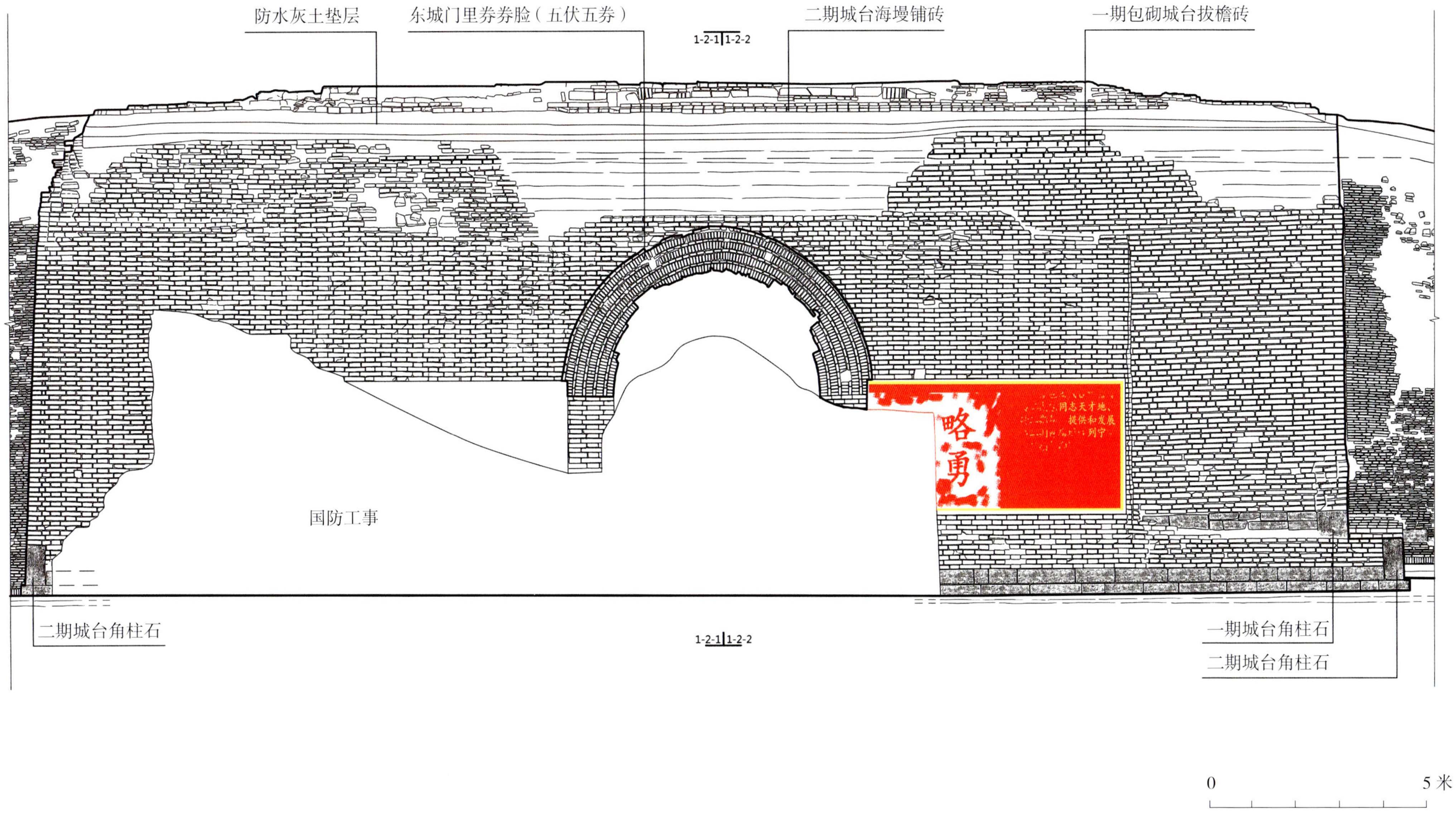

一三　主城门西立面图（1–2）

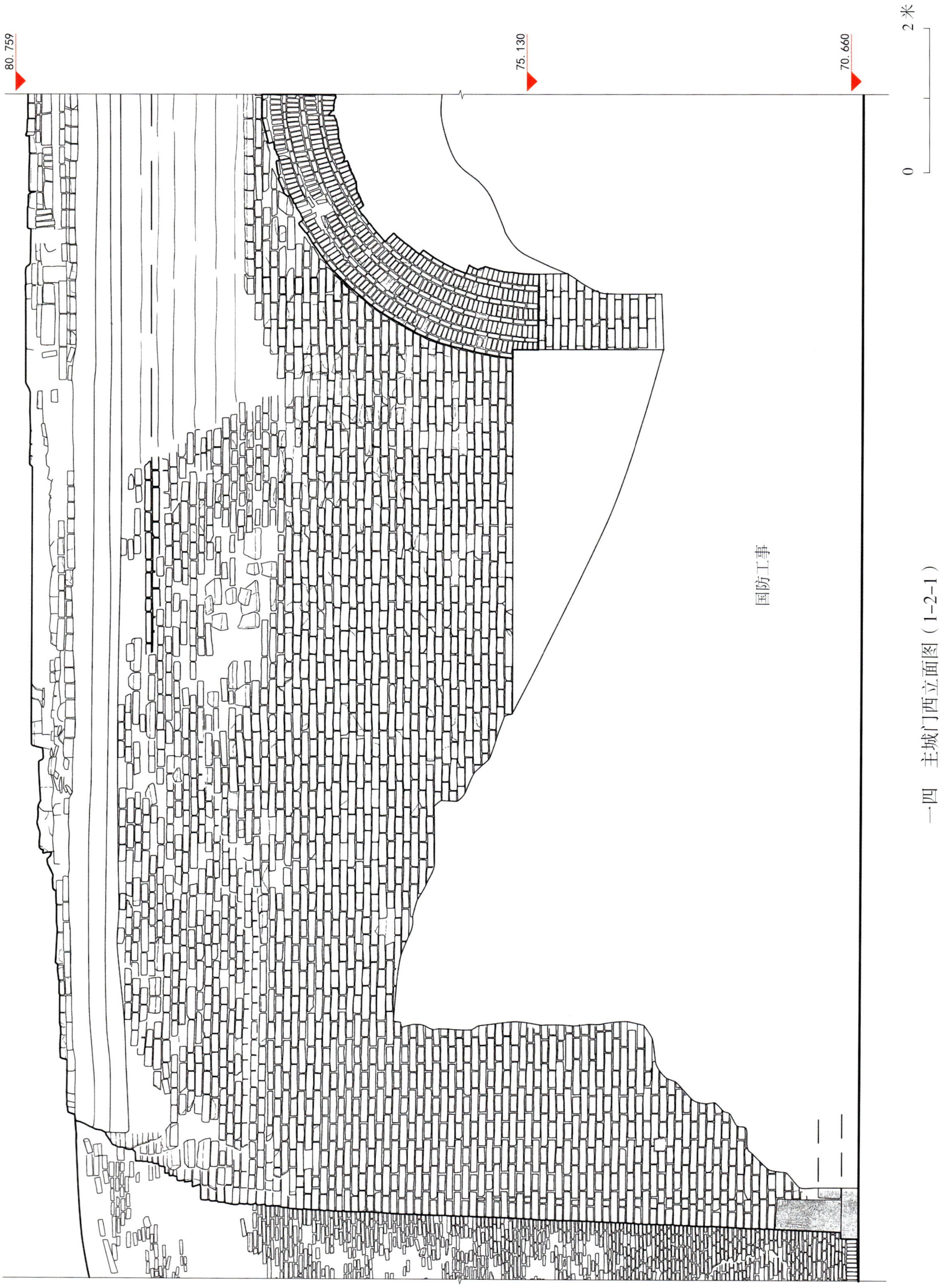

一四　主城门西立面图（1-2-1）

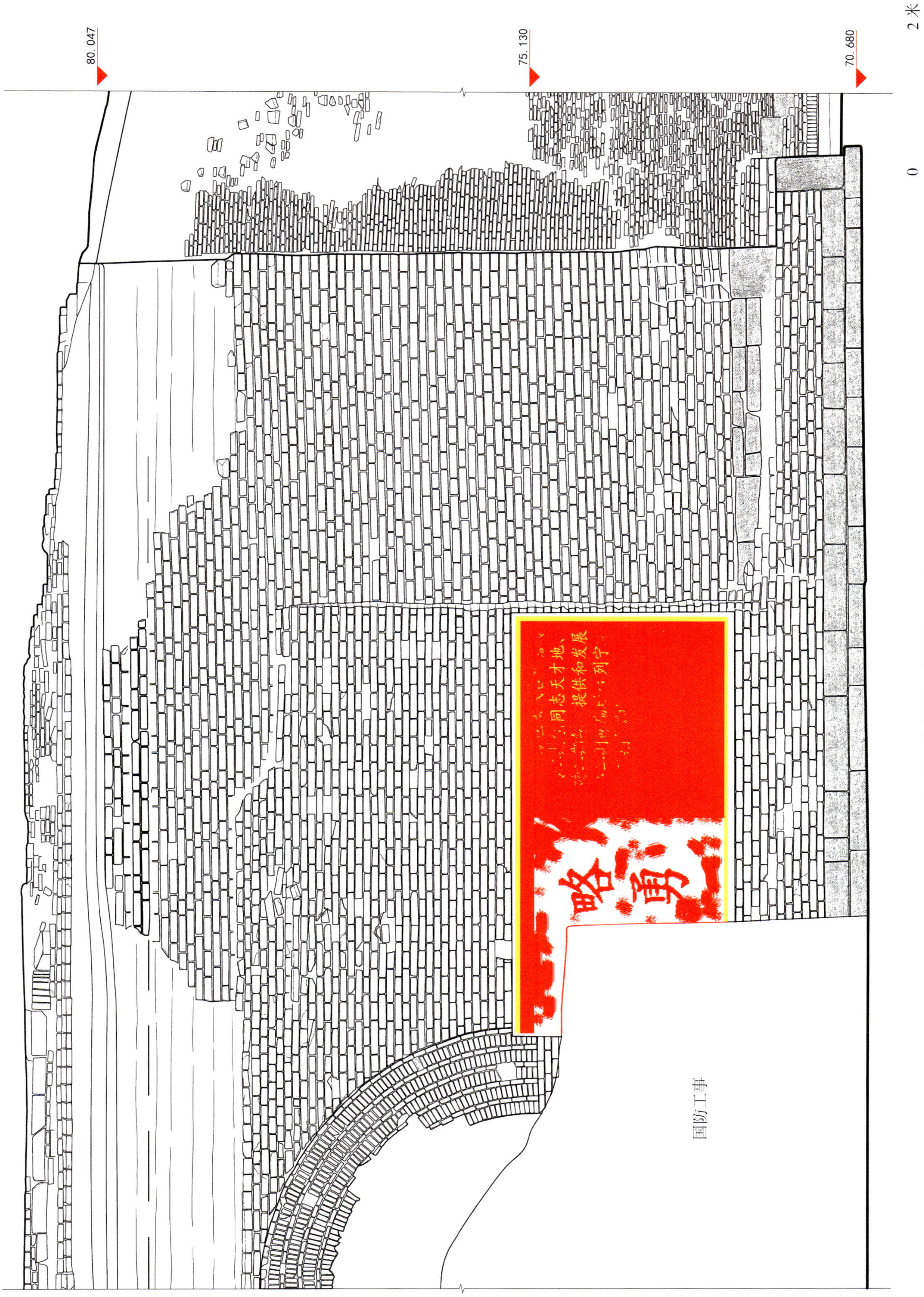

一五　主城门西立面图（1-2-2）

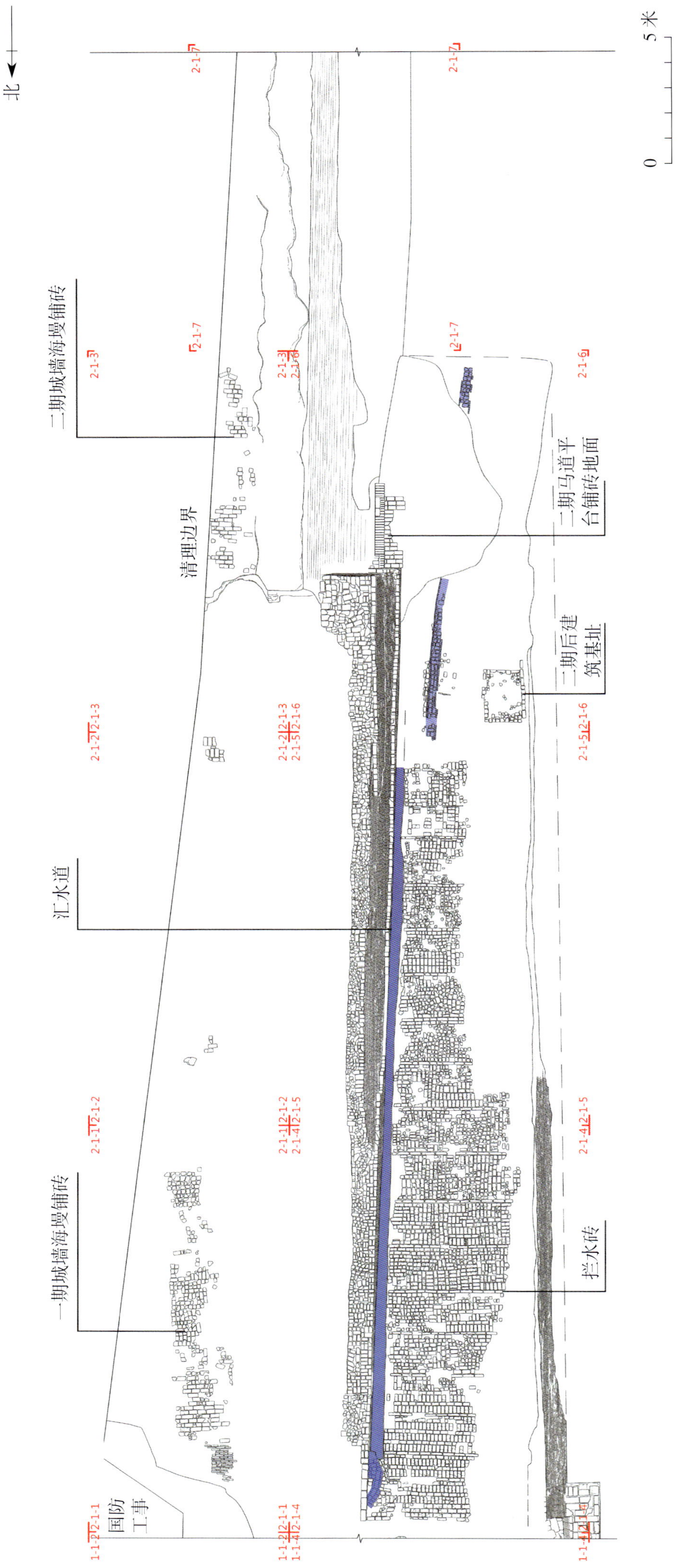

一六 南接主城门马道及城墙平面图（2-1）

一七　南接主城门马道及城墙平面图（2-1-1）

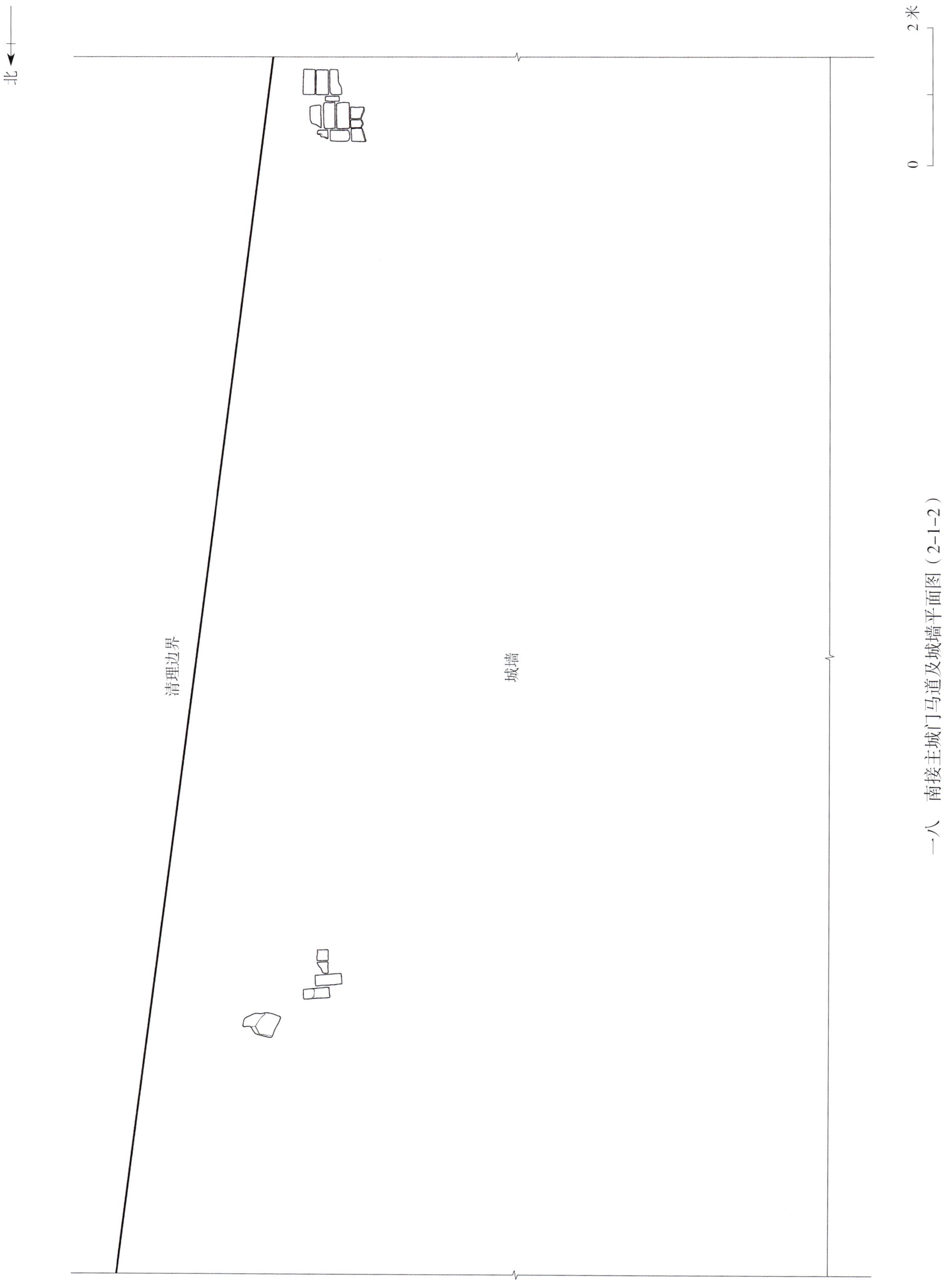

一八 南接主城门马道及城墙平面图（2-1-2）

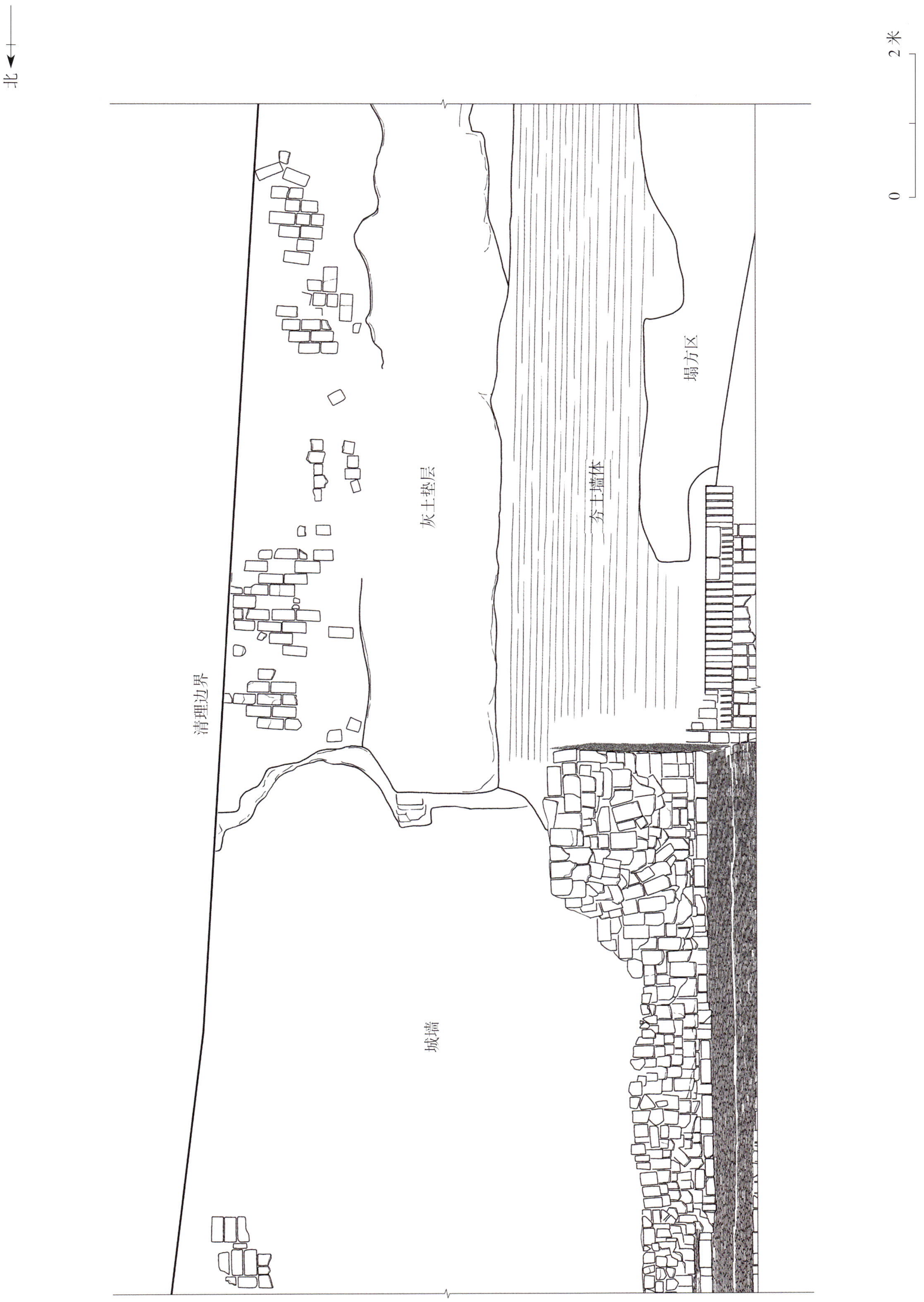

一九　南接主城门马道及城墙平面图（2-1-3）

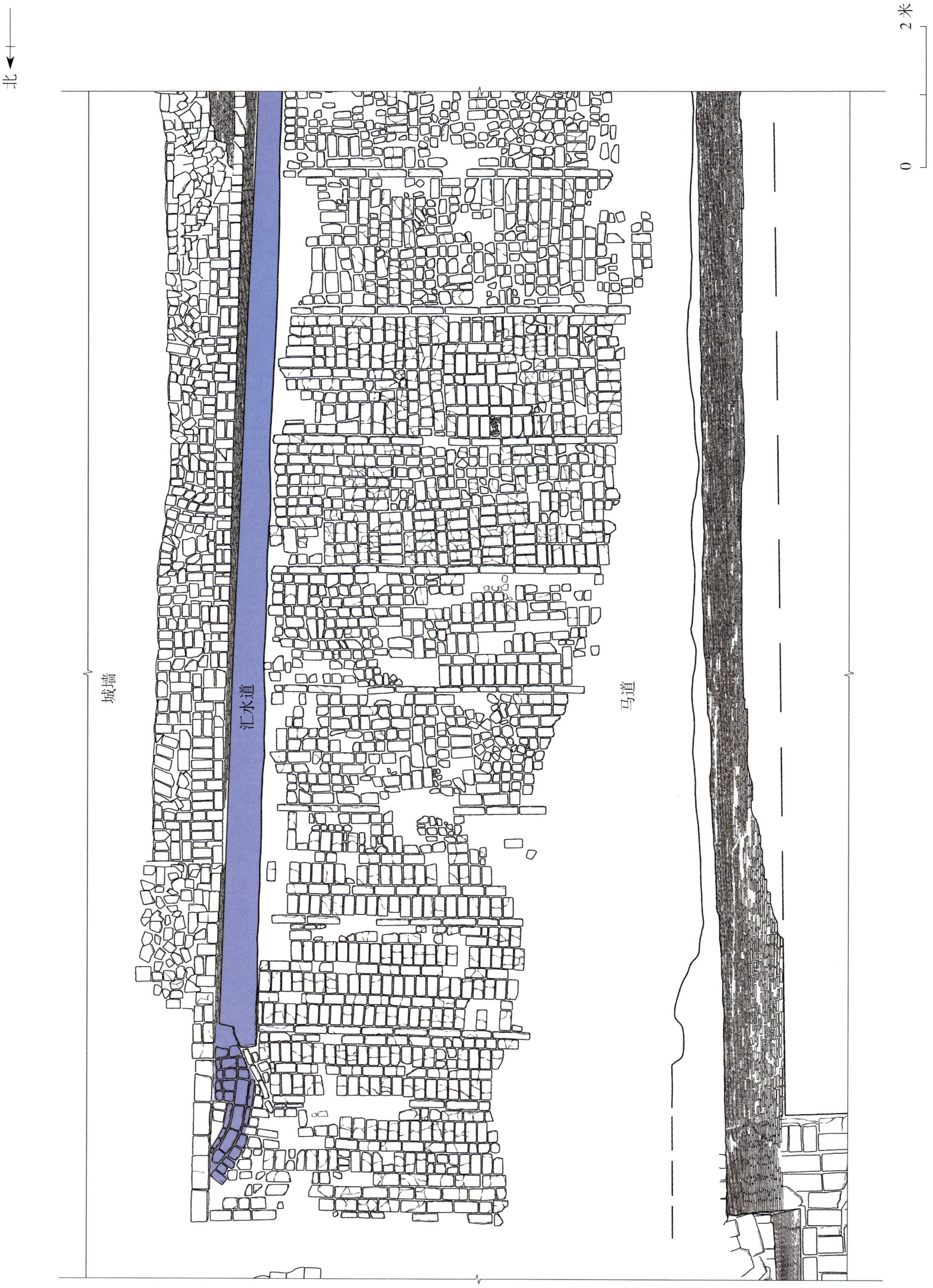

二〇　南接主城门马道及城墙平面图（2-1-4）

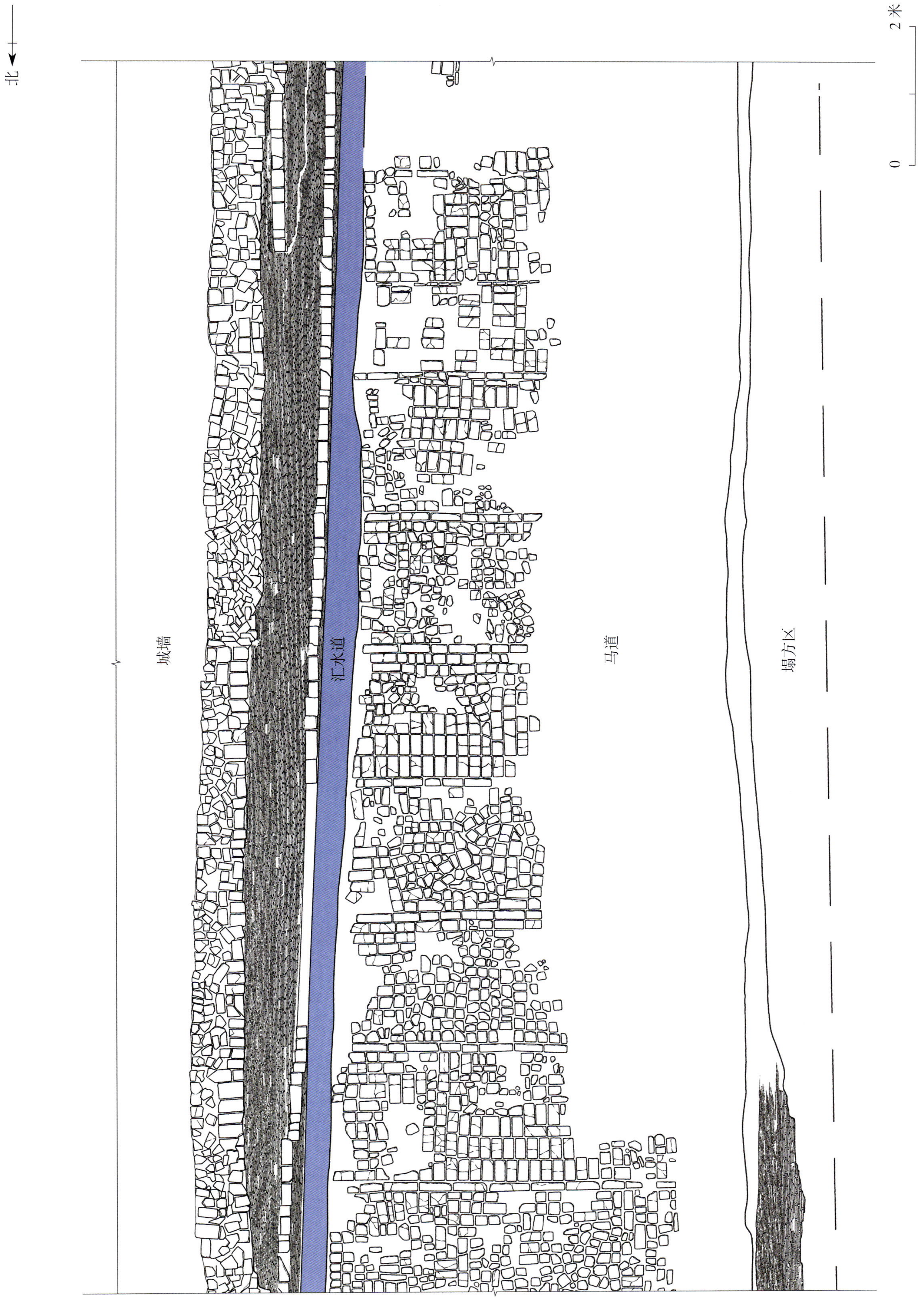

二一　南接主城门马道及城墙平面图（2-1-5）

图二二　南接主城门马道及城墙平面图（2-1-6）

二三 南接主城门马道及城墙平面图（2-1-7）

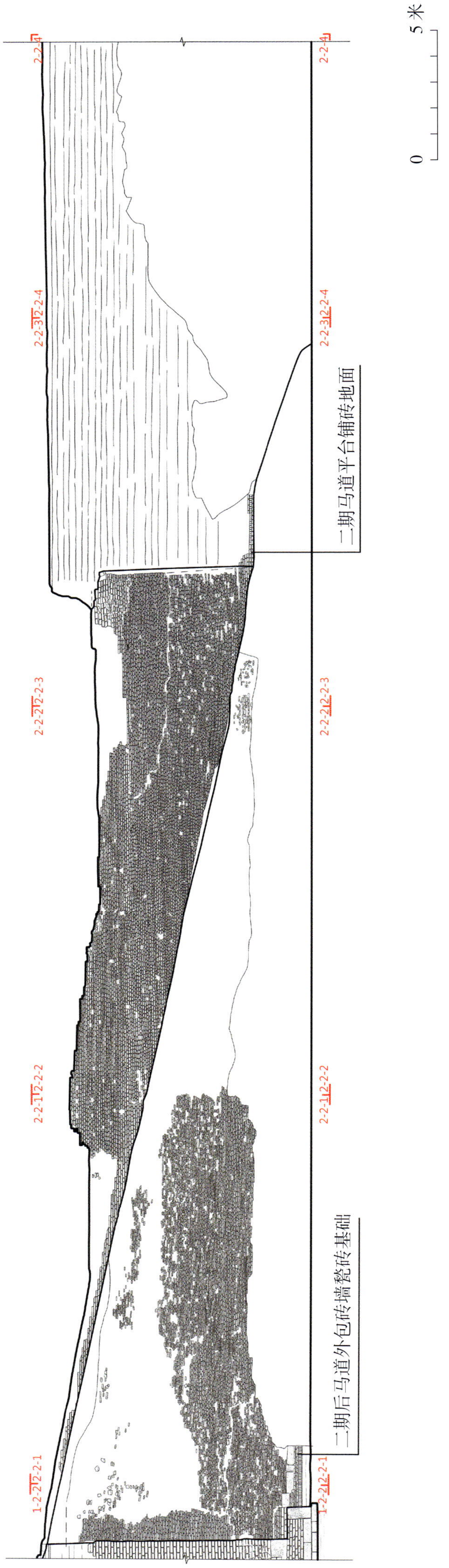

二四　南接主城门马道及城墙西立面图（2-2）

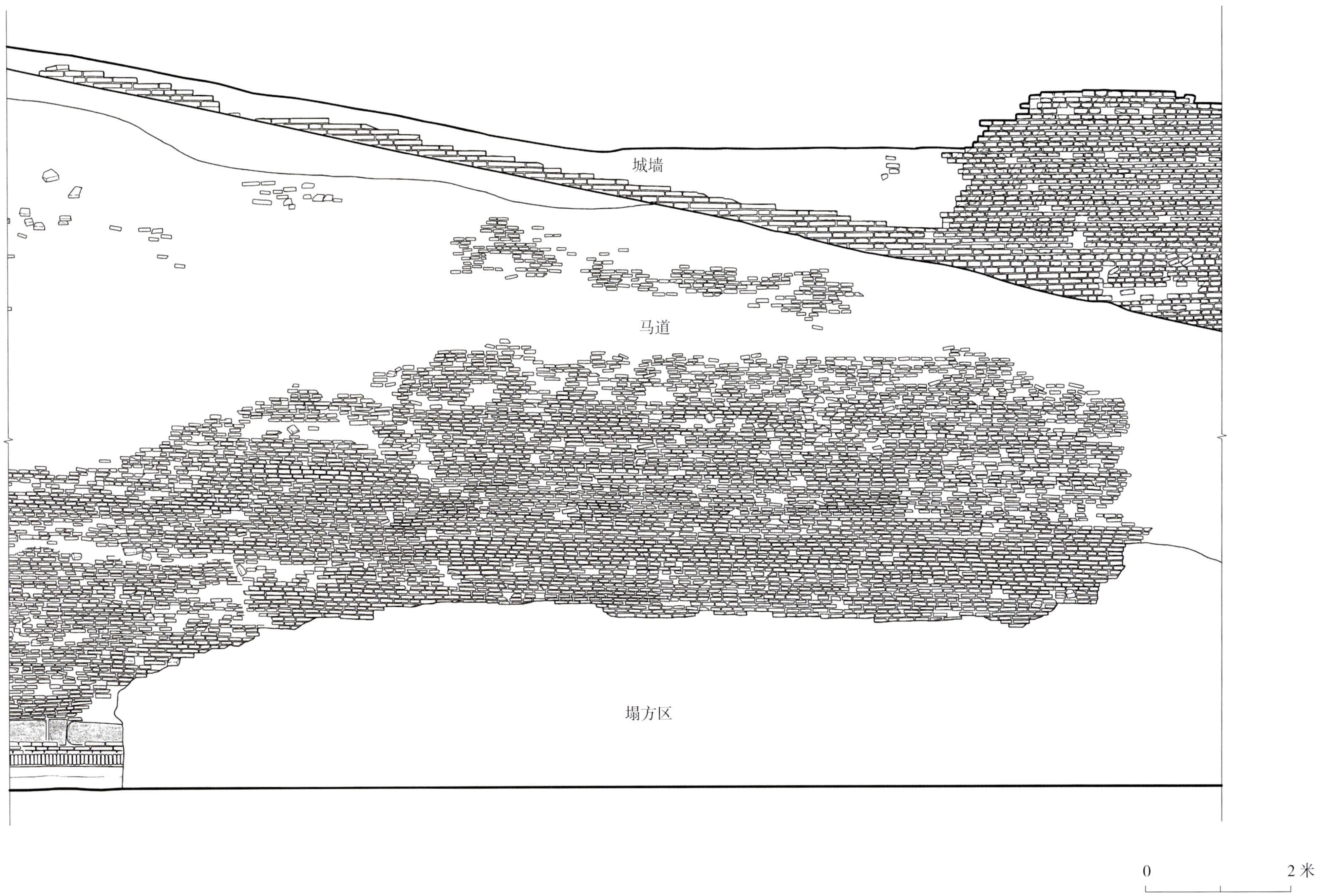

二五　南接主城门马道及城墙西立面图（2-2-1）

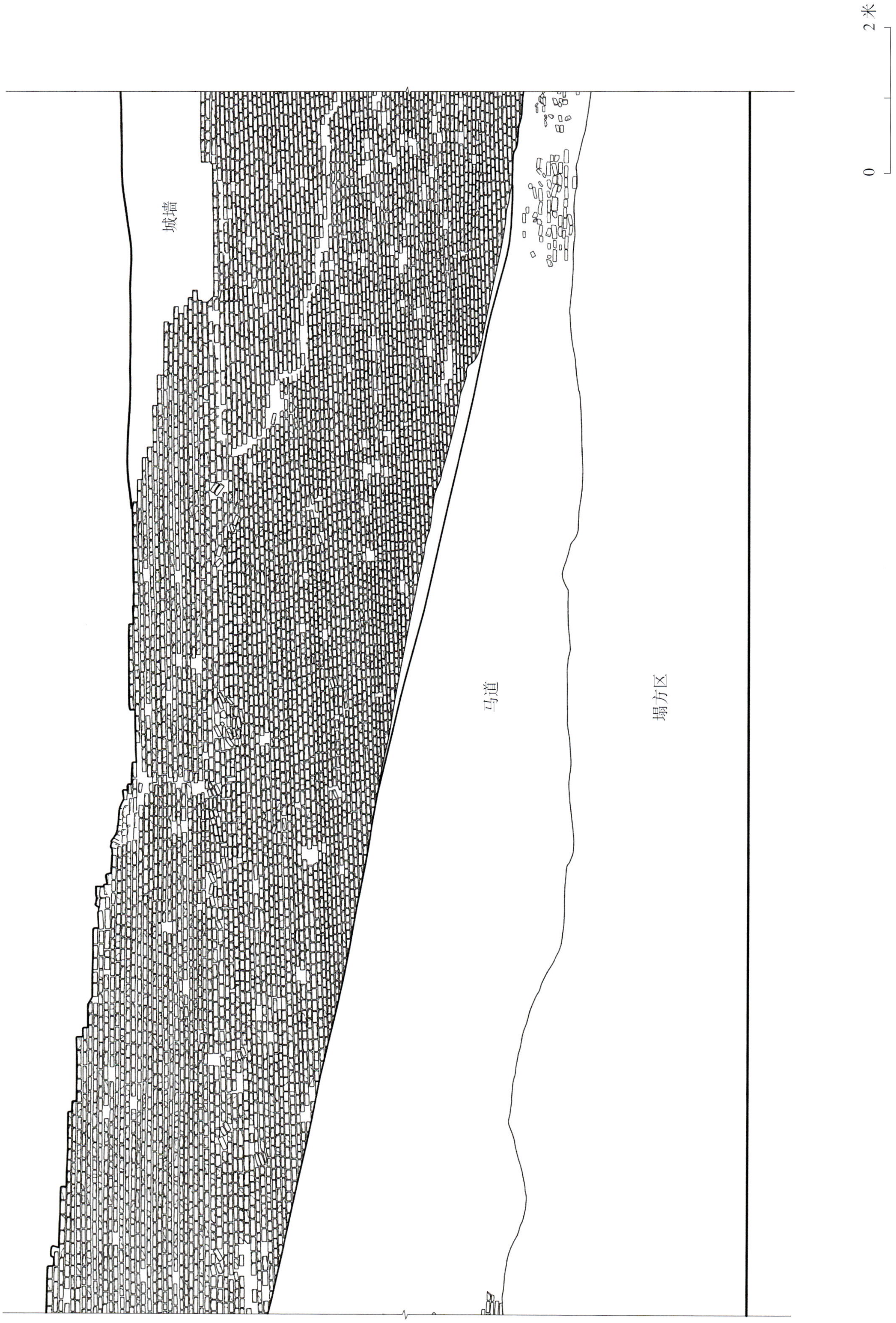

二六　南接主城门马道及城墙西立面图（2-2-2）

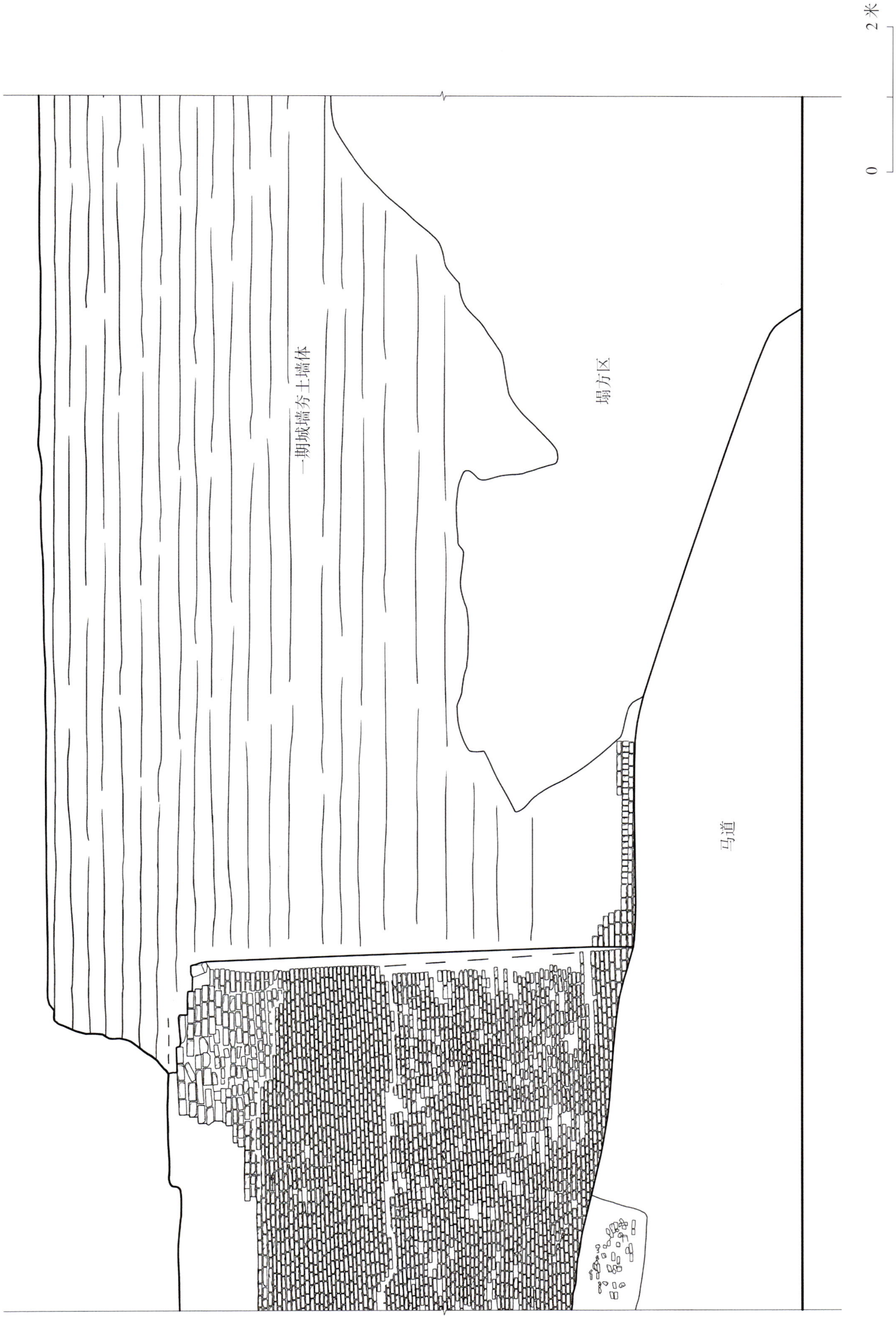

二七　南接主城门马道及城墙西立面图（2-2-3）

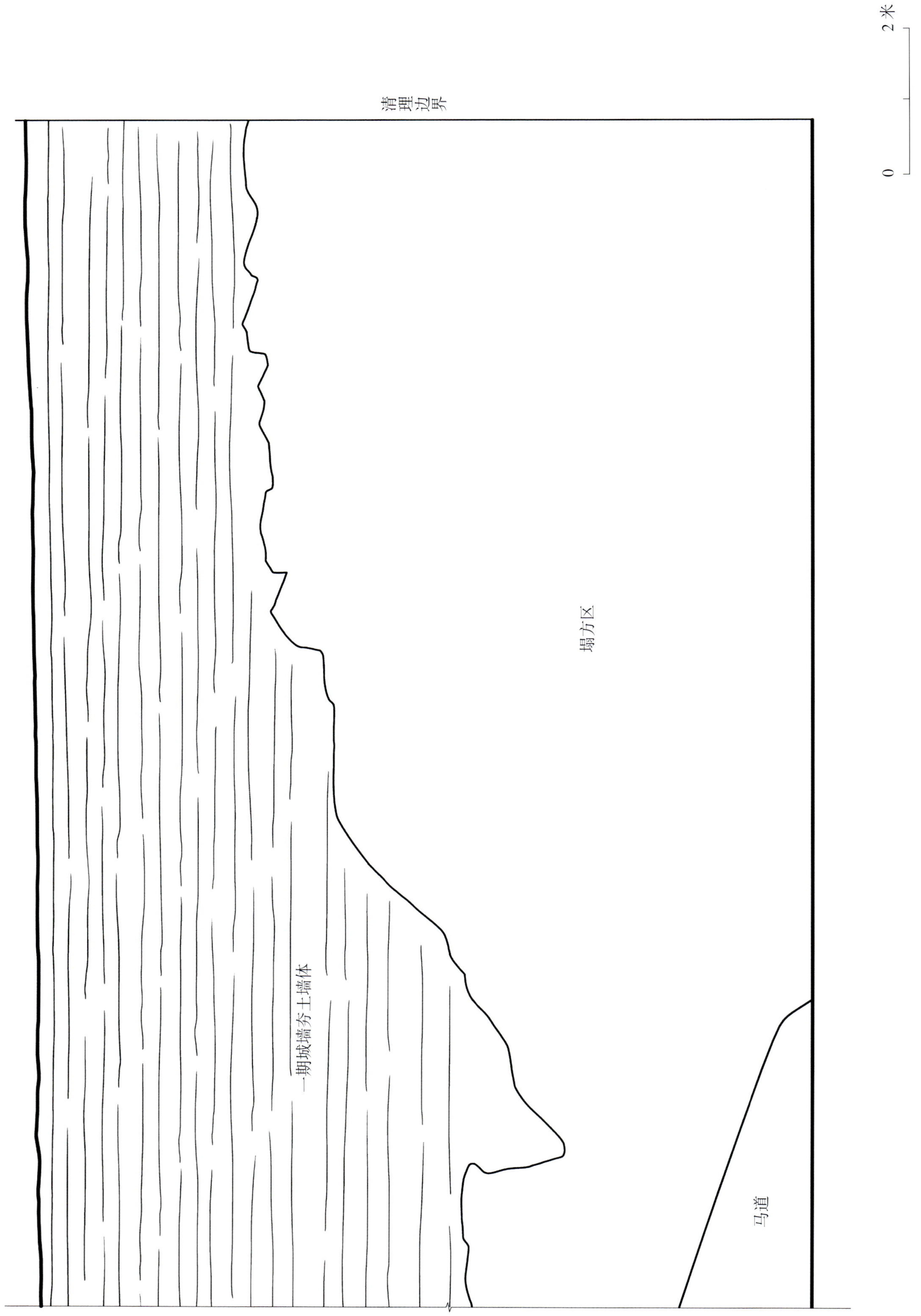

二八　南接主城门马道及城墙西立面图（2-2-4）

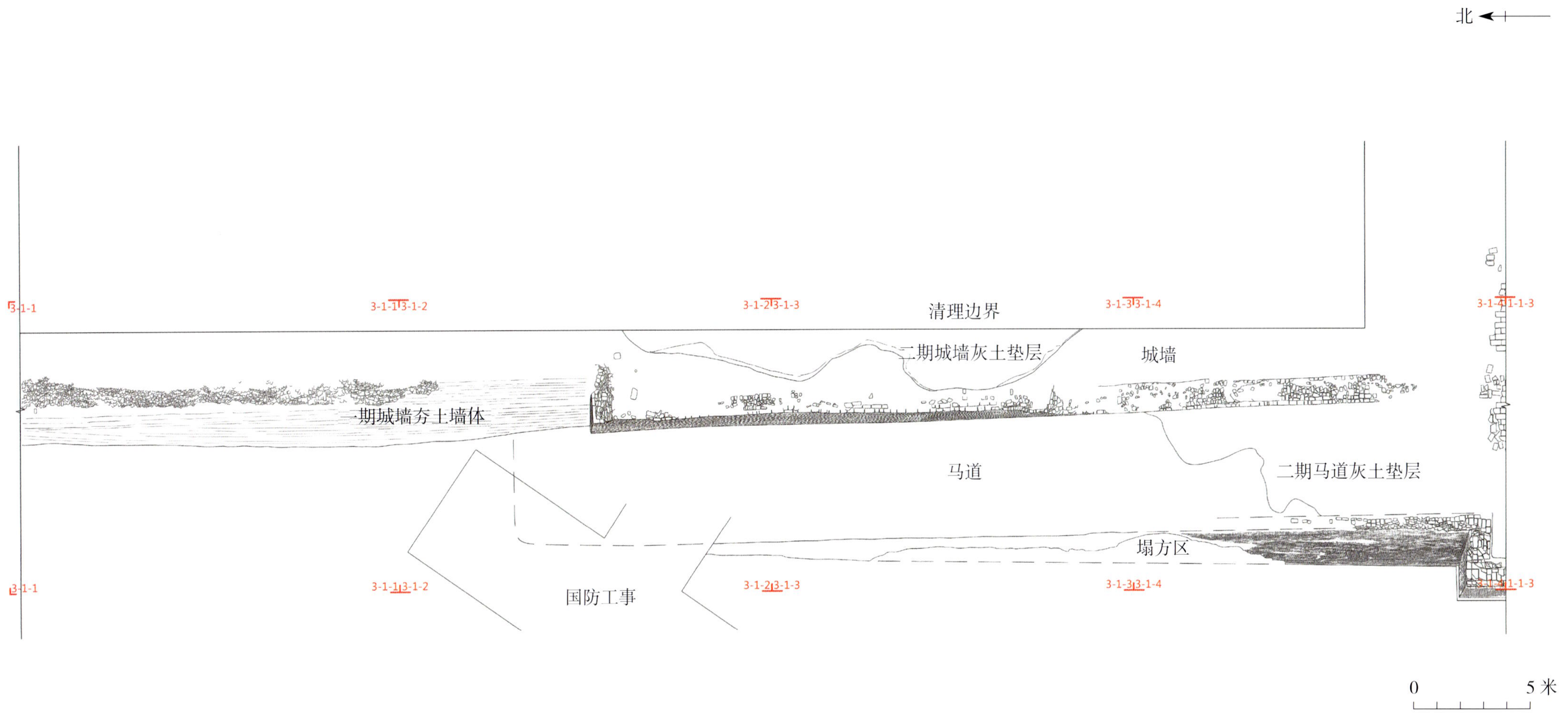

二九　北接主城门马道及城墙平面图（3-1）

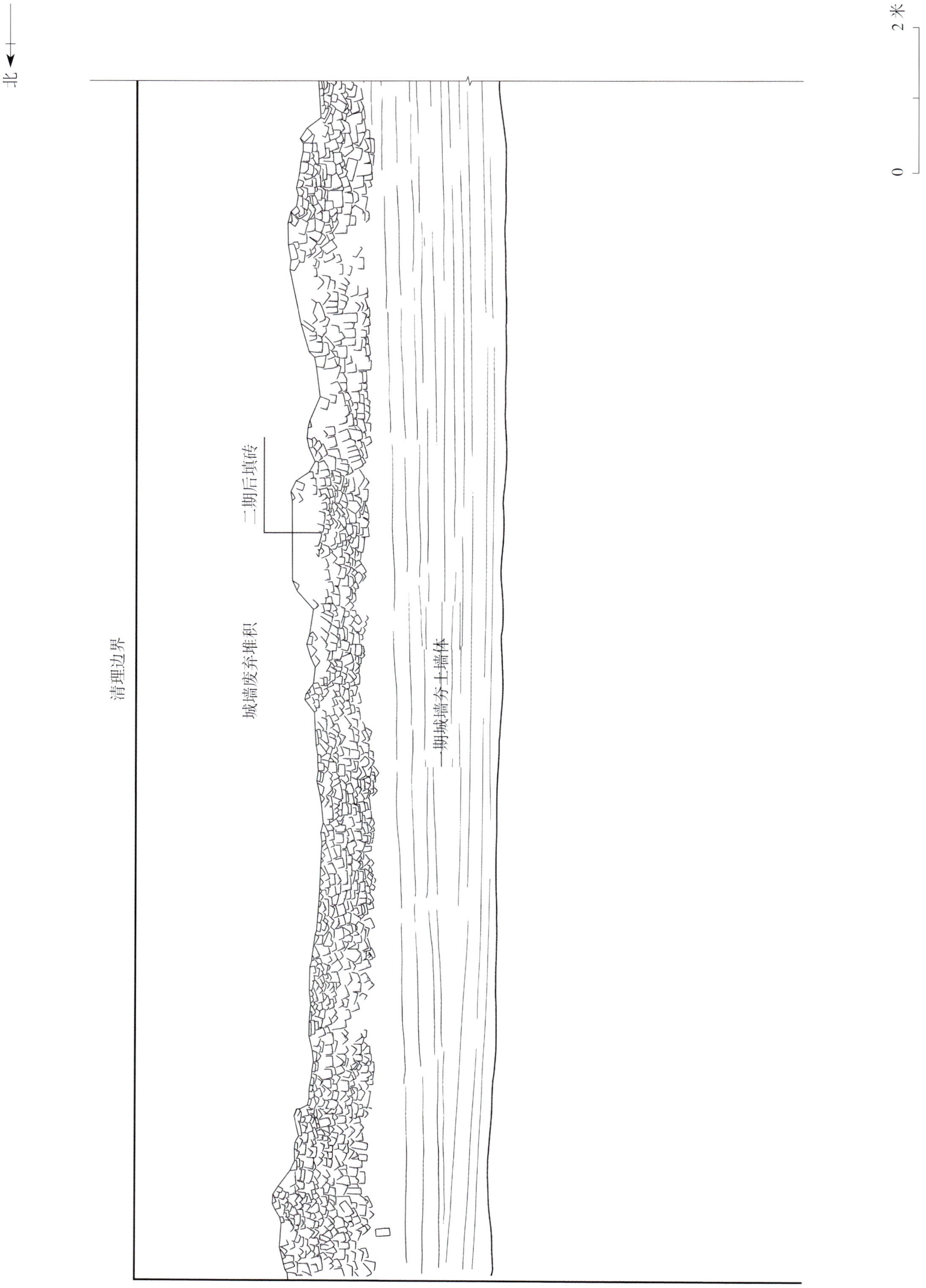

三〇　北接主城门马道及城墙平面图（3-1-1）

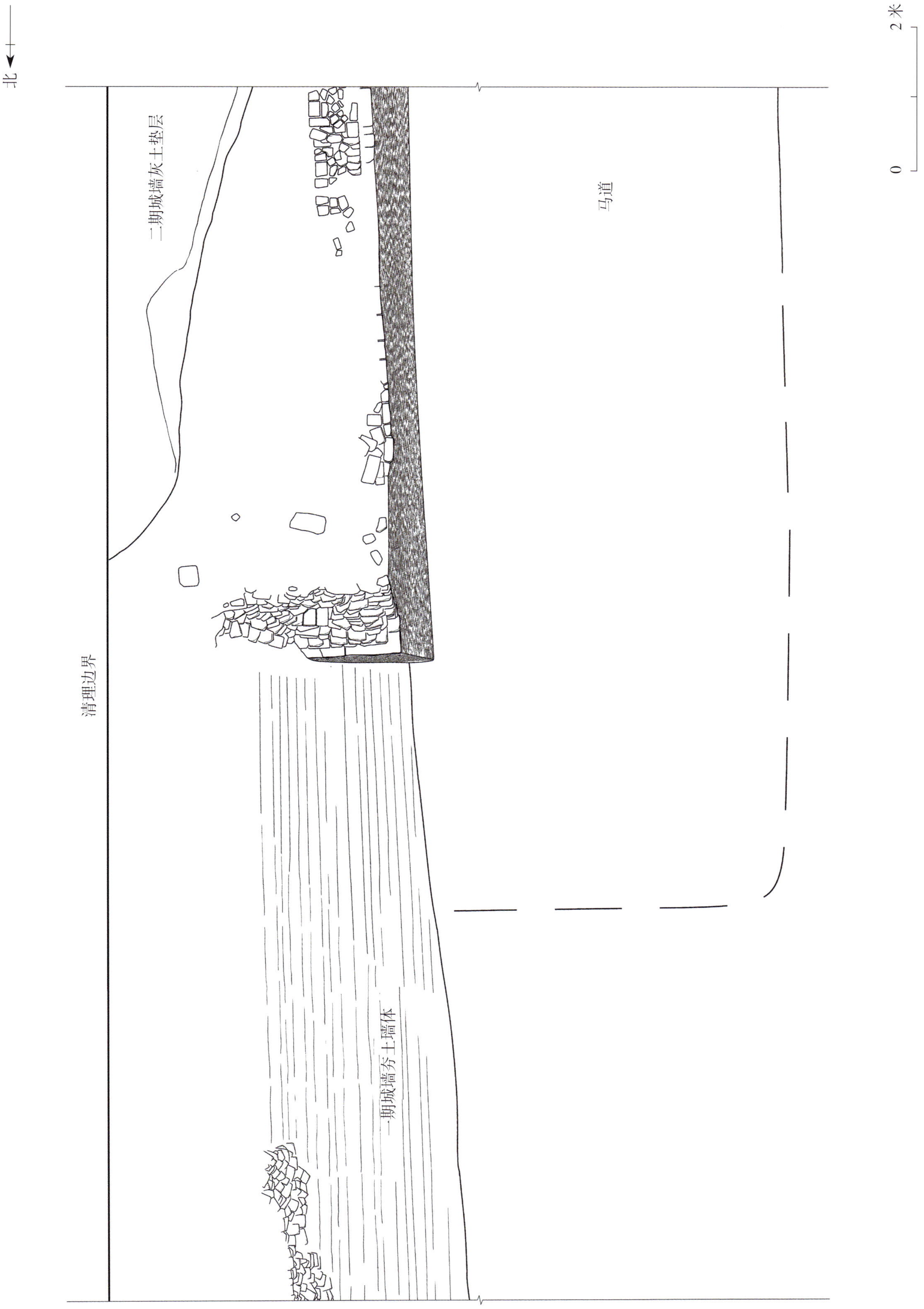

三一 北接主城门马道及城墙平面图（3-1-2）

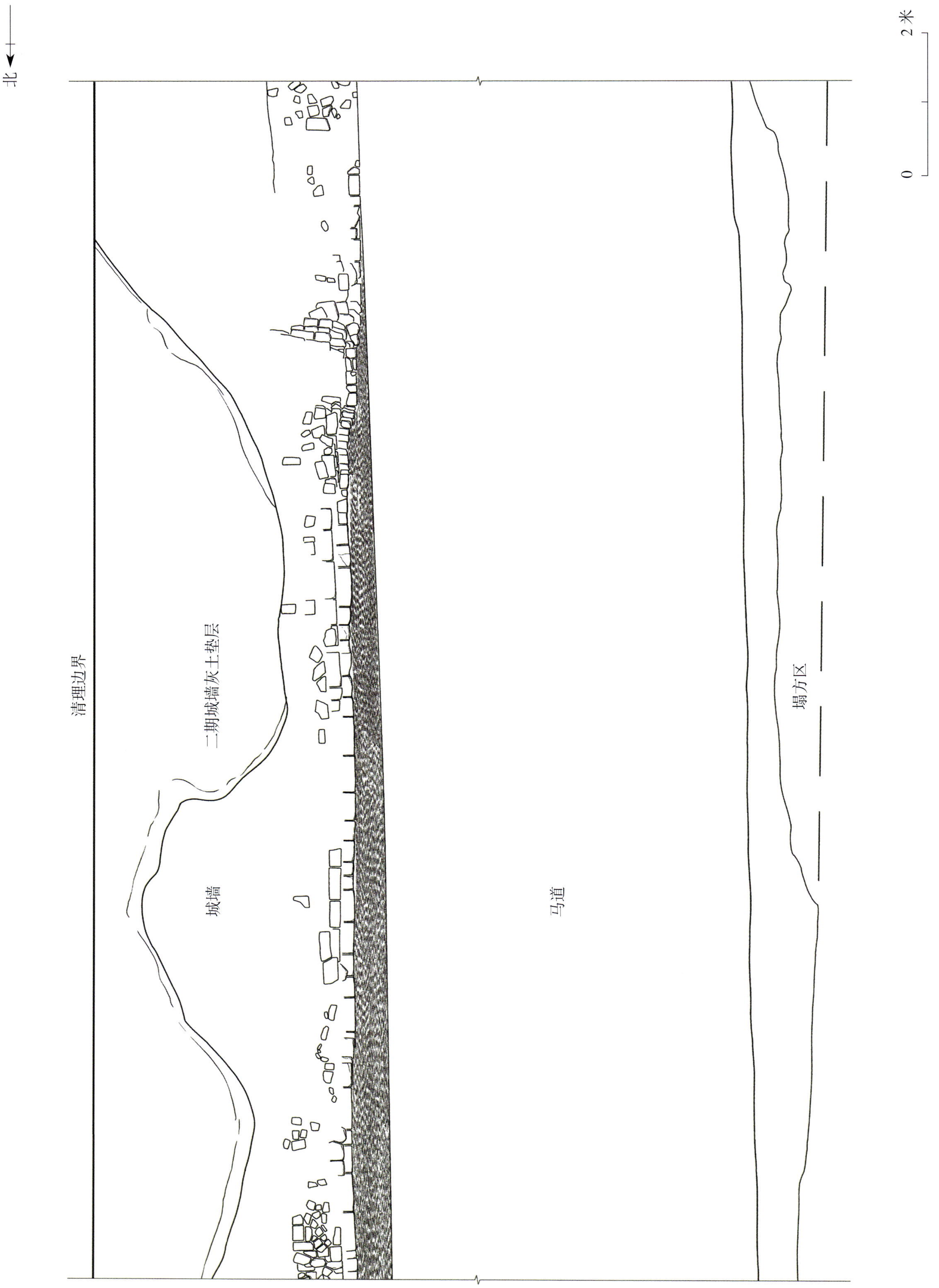

三二 北接主城门马道及城墙平面图（3-1-3）

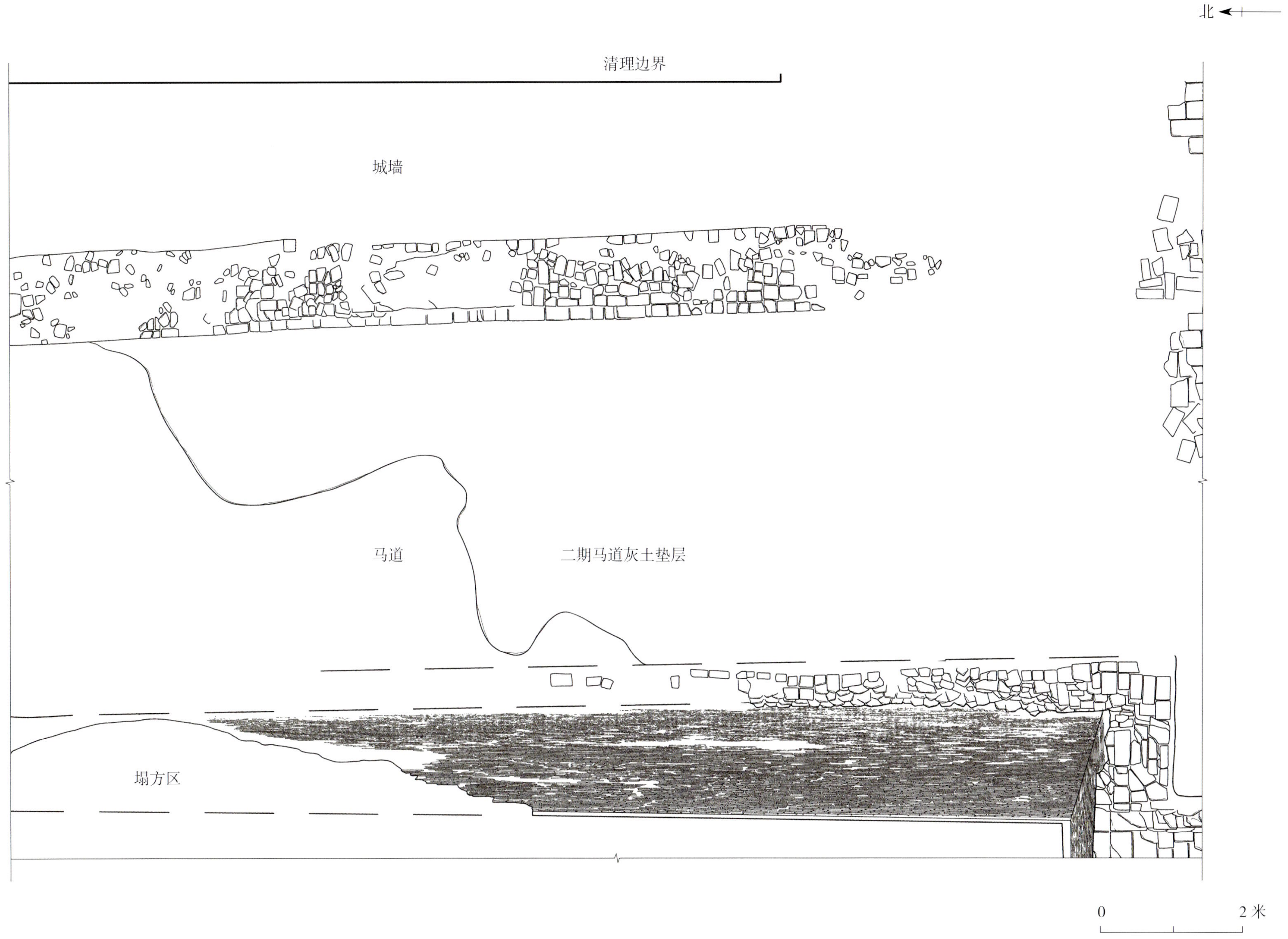

三三　北接主城门马道及城墙平面图（3-1-4）

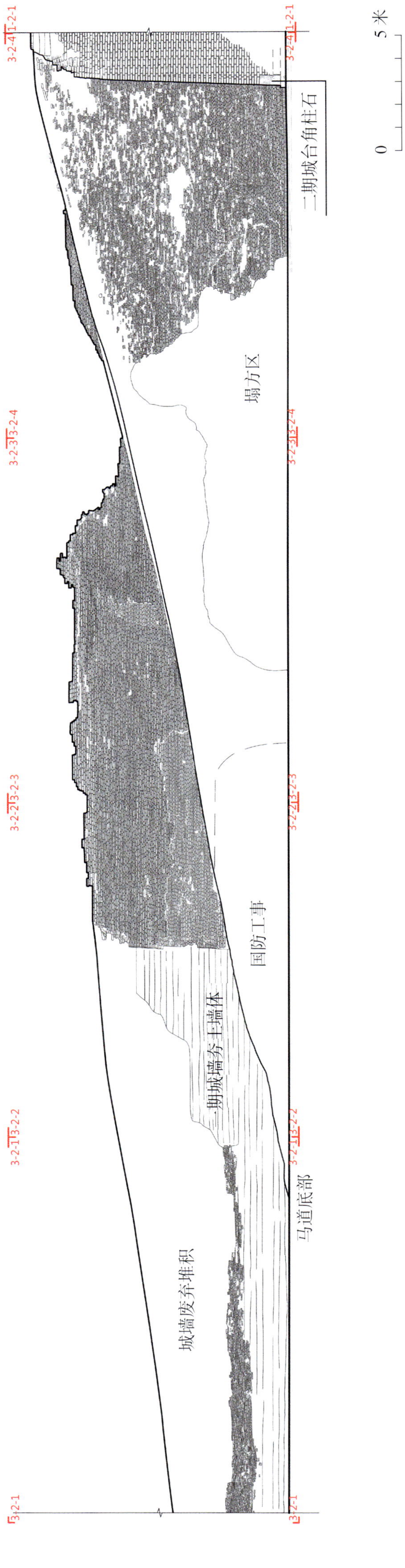

三四　北接主城门马道及城墙西立面图（3-2）

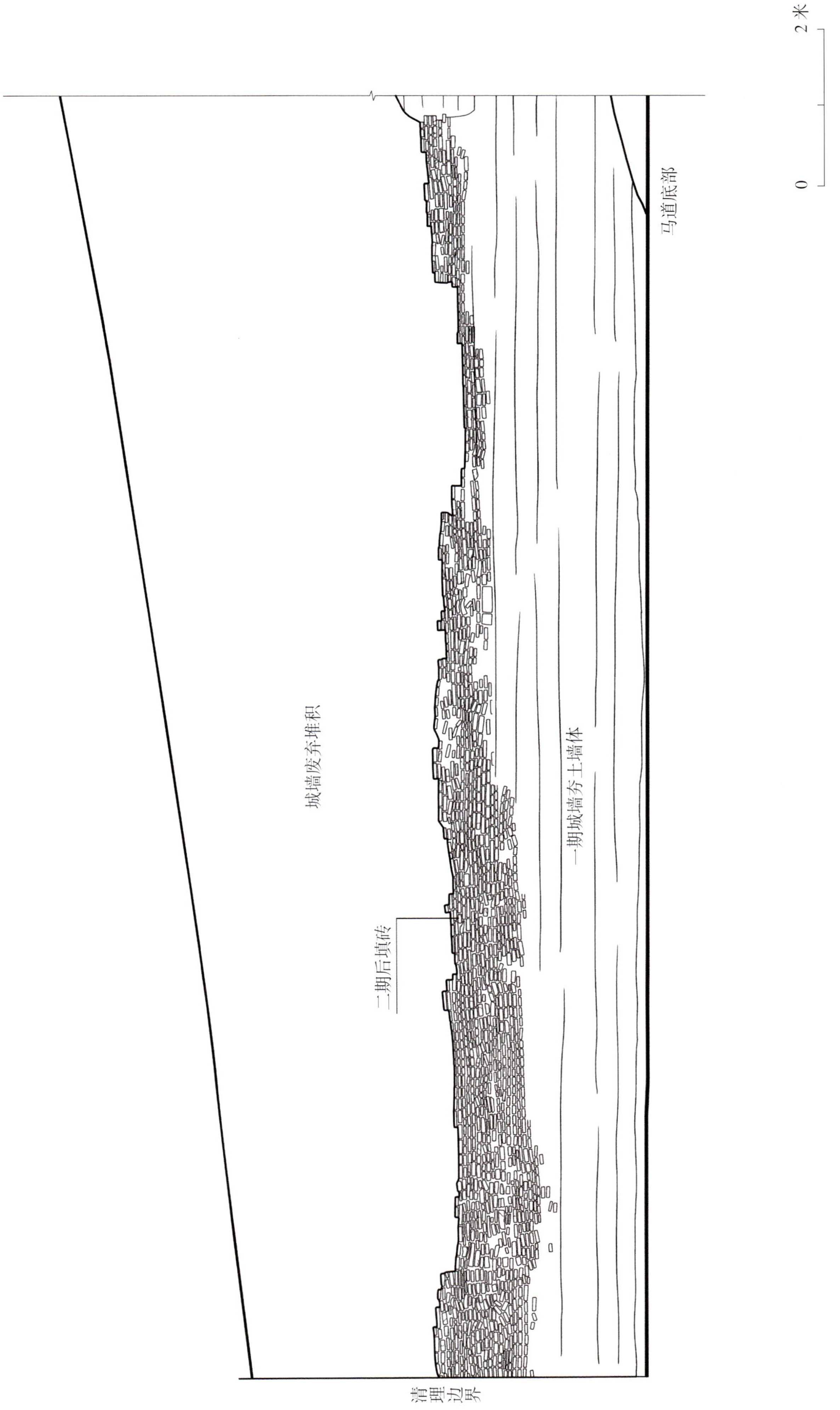

三五　北接主城门马道及城墙西立面图（3-2-1）

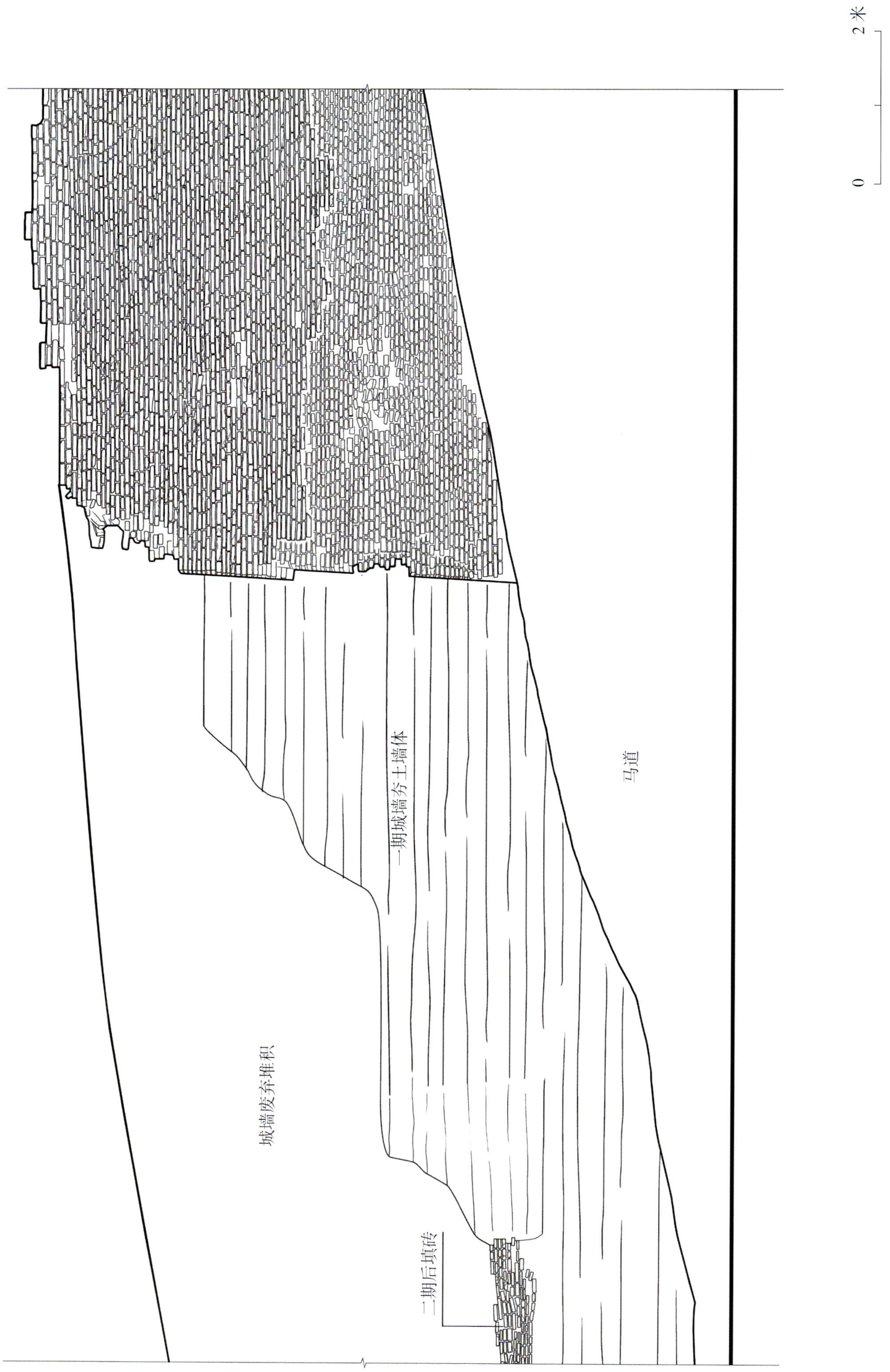

三六　北接主城门马道及城墙西立面图（3-2-2）

三七　北接主城门马道及城墙西立面图（3-2-3）

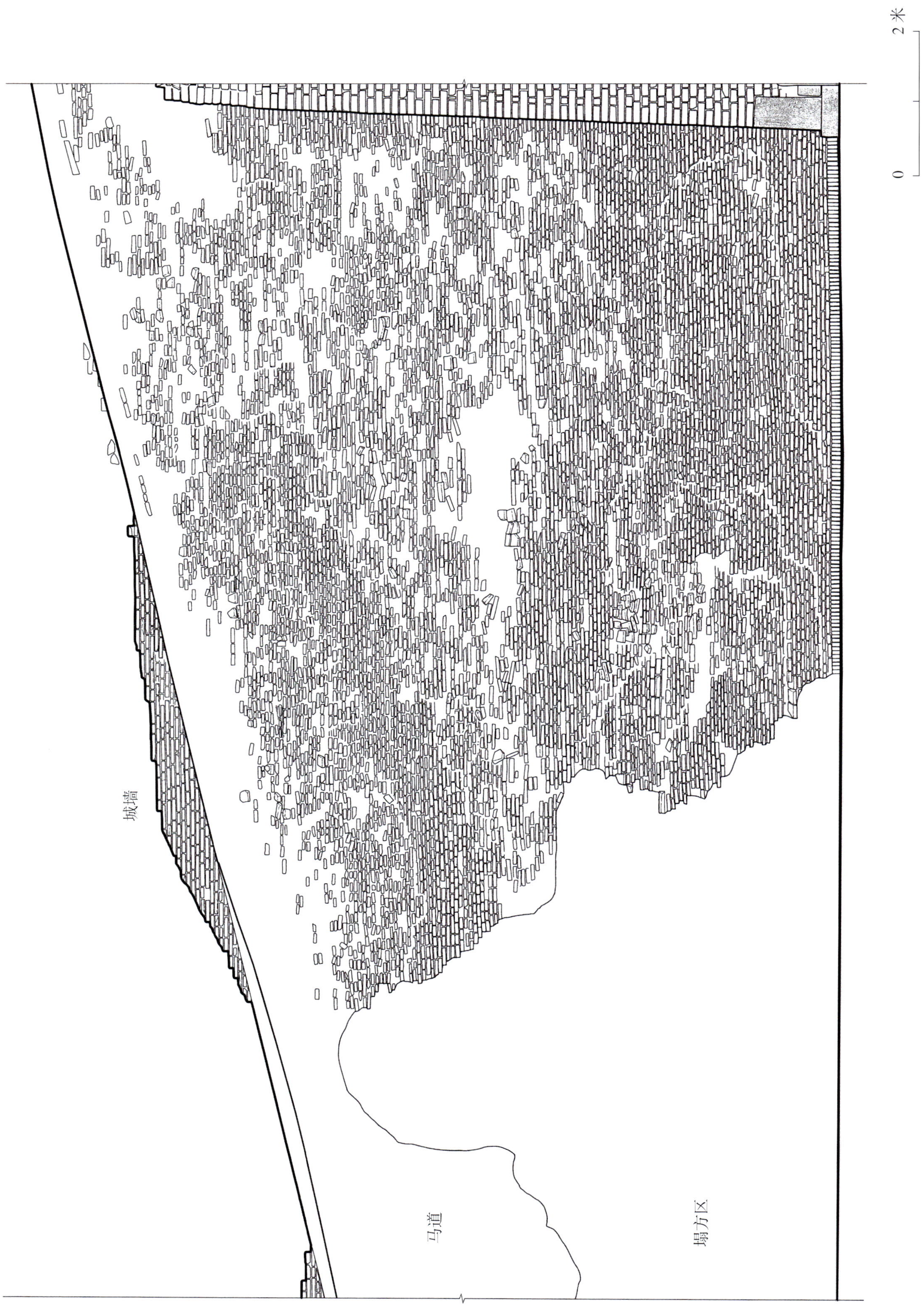

三八　北接主城门马道及城墙西立面图（3-2-4）

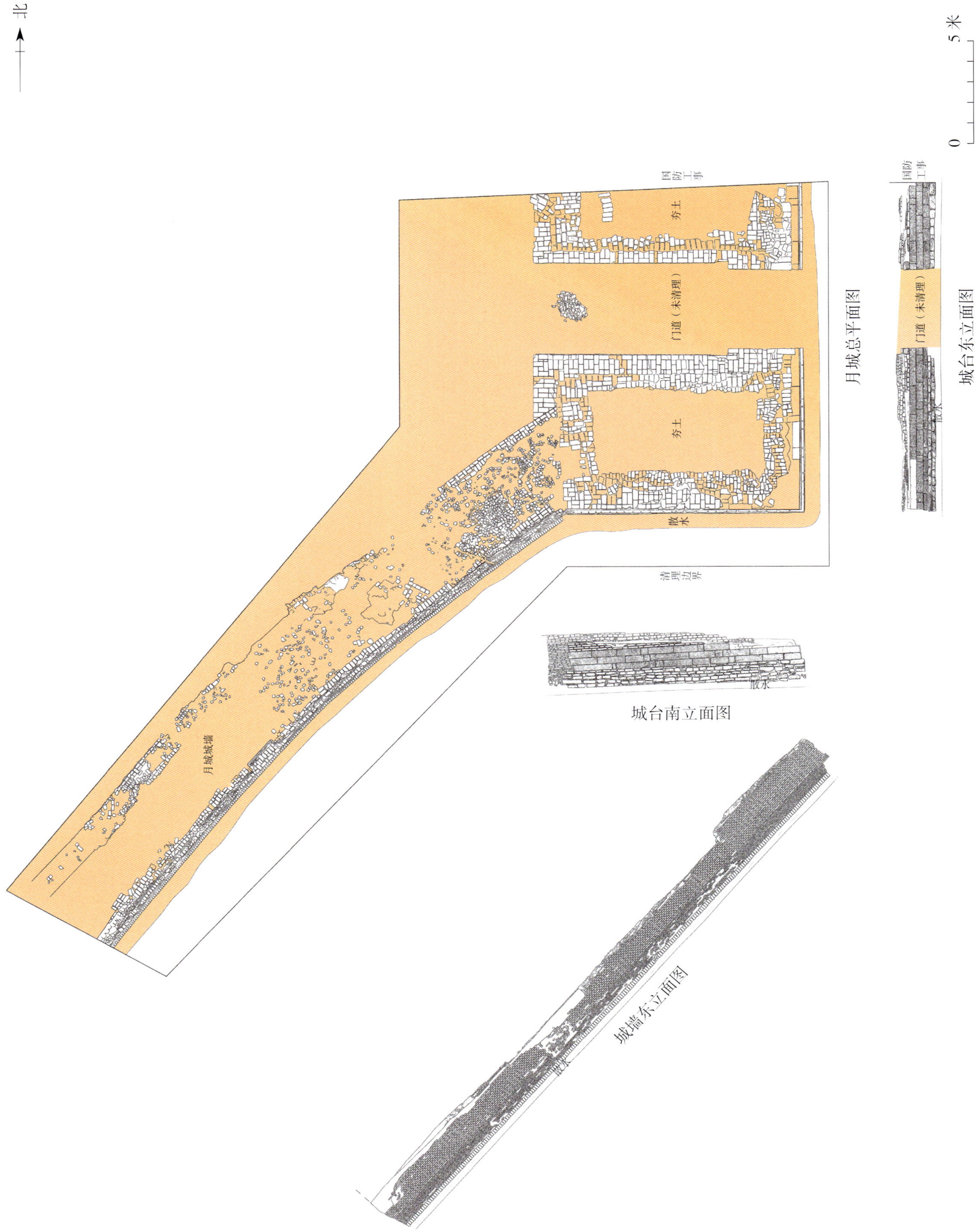

三九　东城门月城系统平面图、立面图

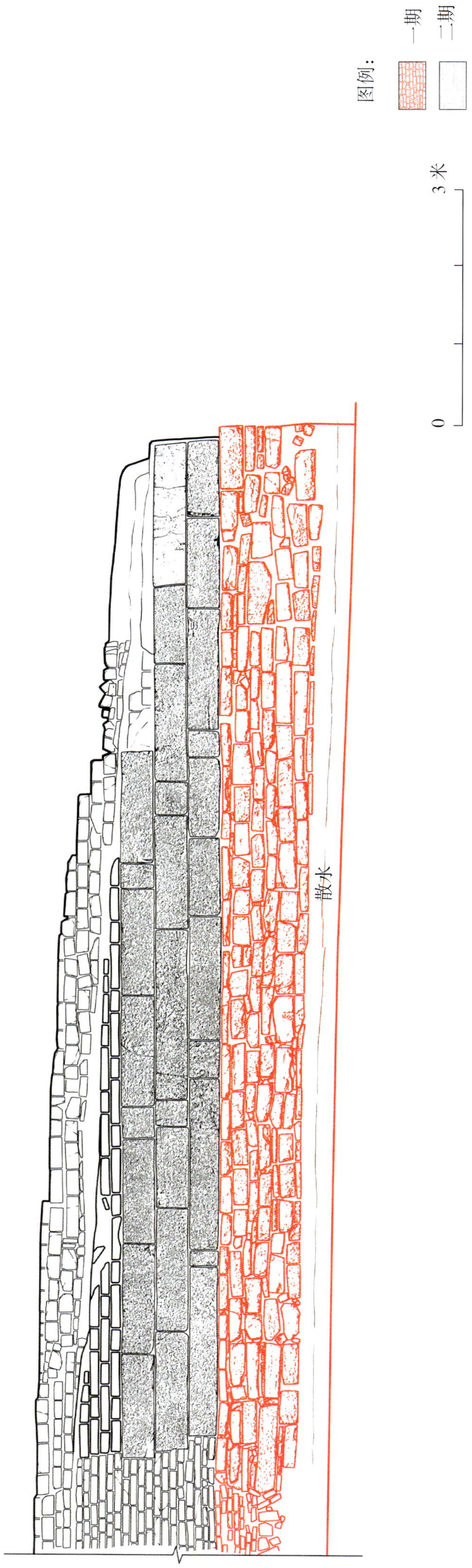

四〇　月城城台南立面分期示意图

四一　月城城台东立面分期示意图

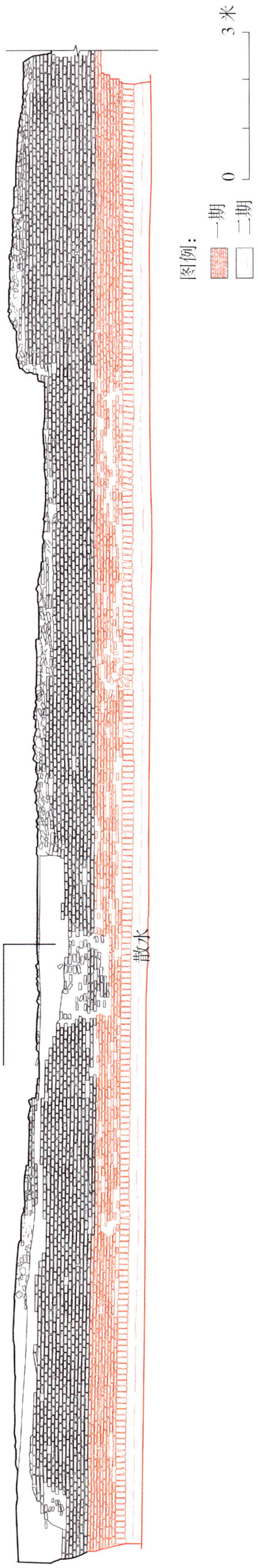

图四二　南接月城城门城墙东立面分期示意图

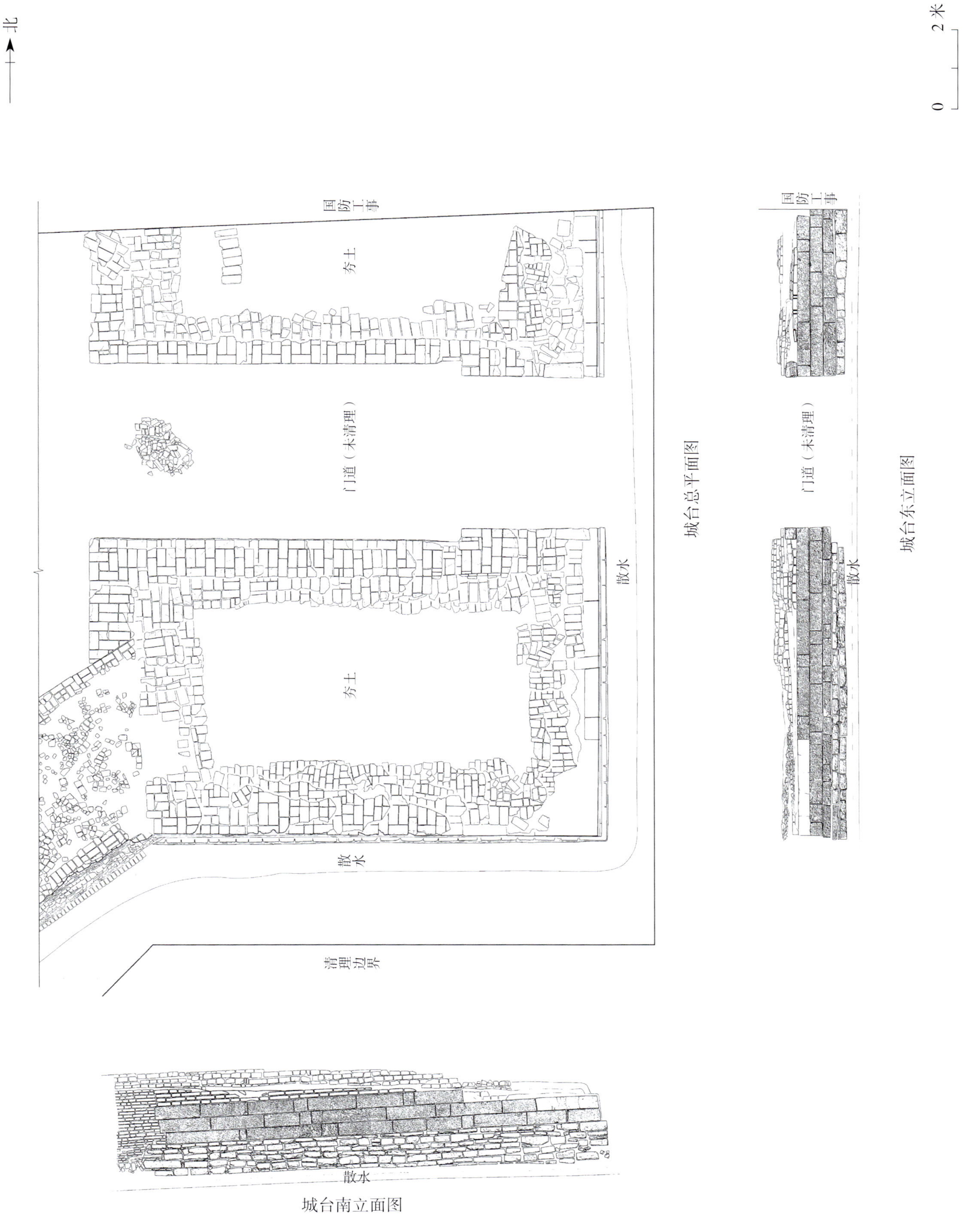

四三　月城城台平面图、立面图

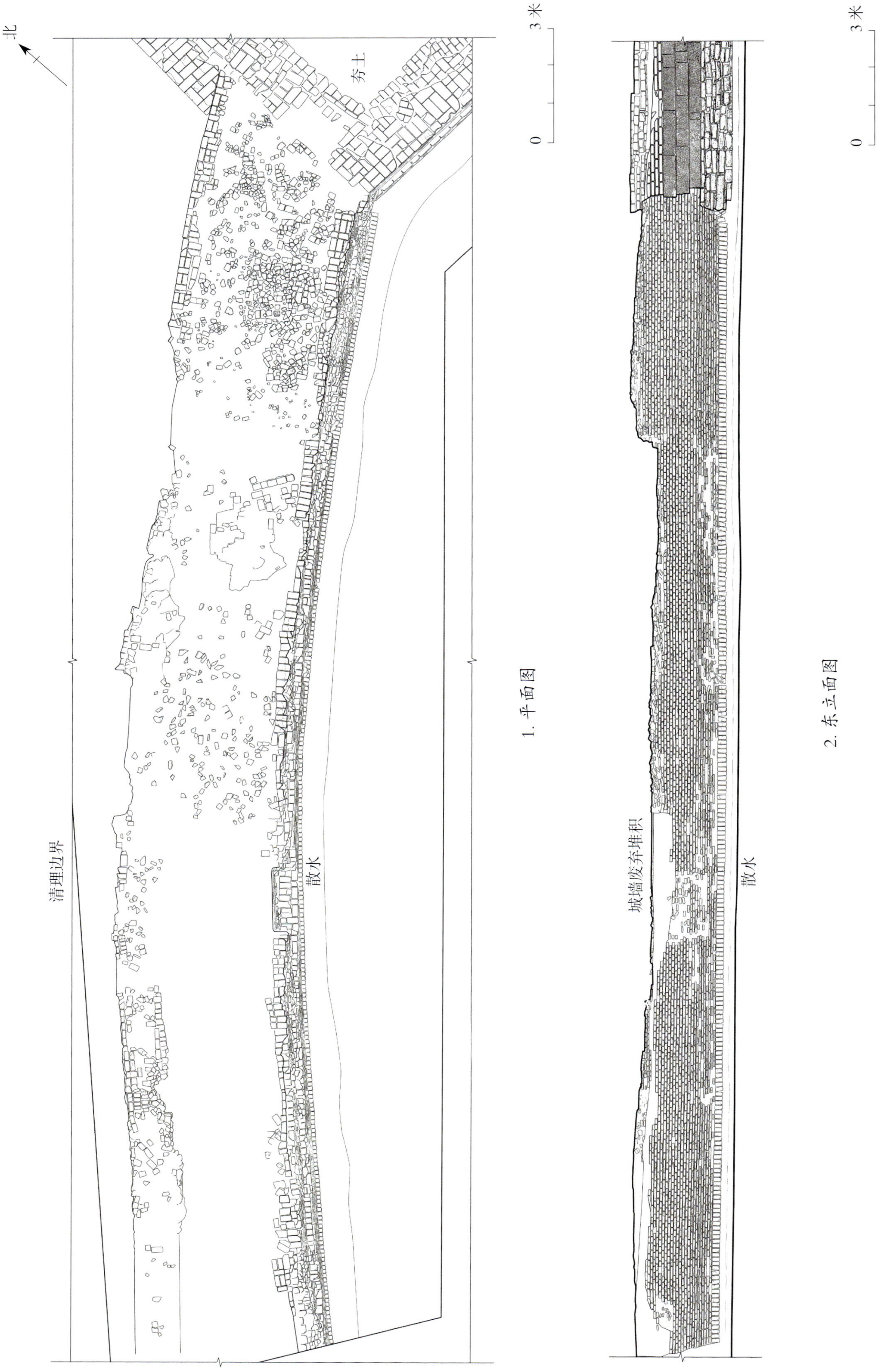

1. 平面图

2. 东立面图

四四　南接月城城门城墙平面图、东立面图

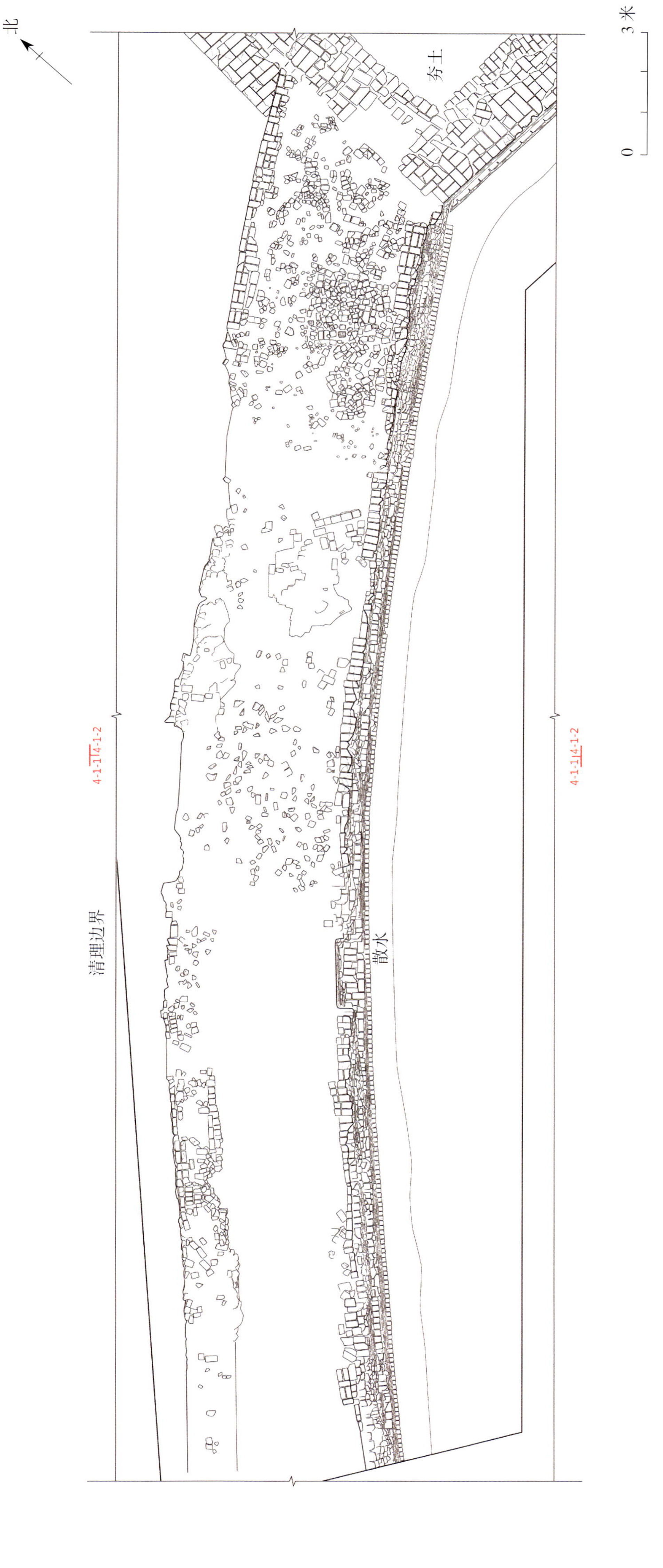

四五　南接月城城门城墙平面图（4-1）

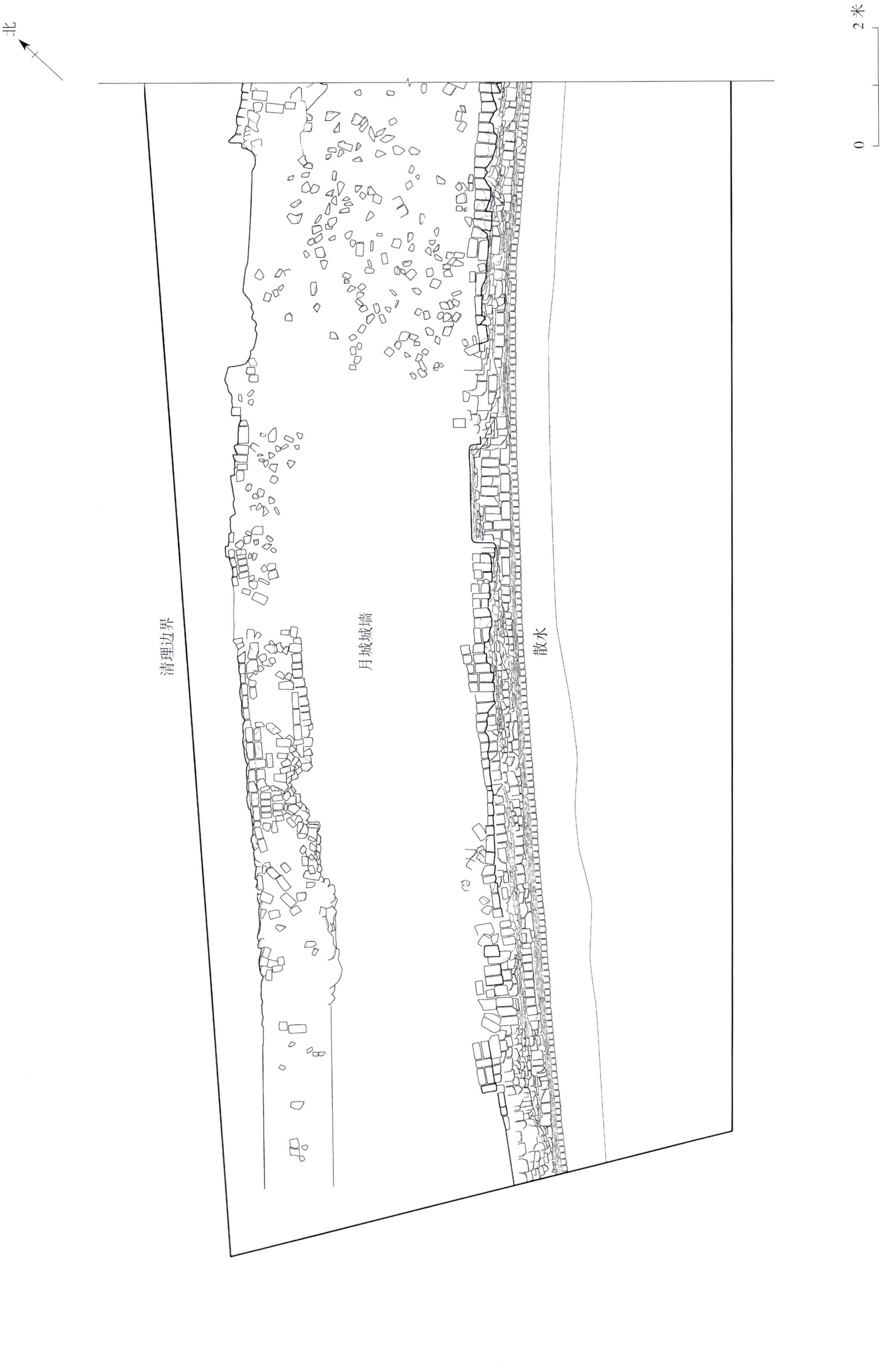

四六　南接月城城门城墙平面图（4-1-1）

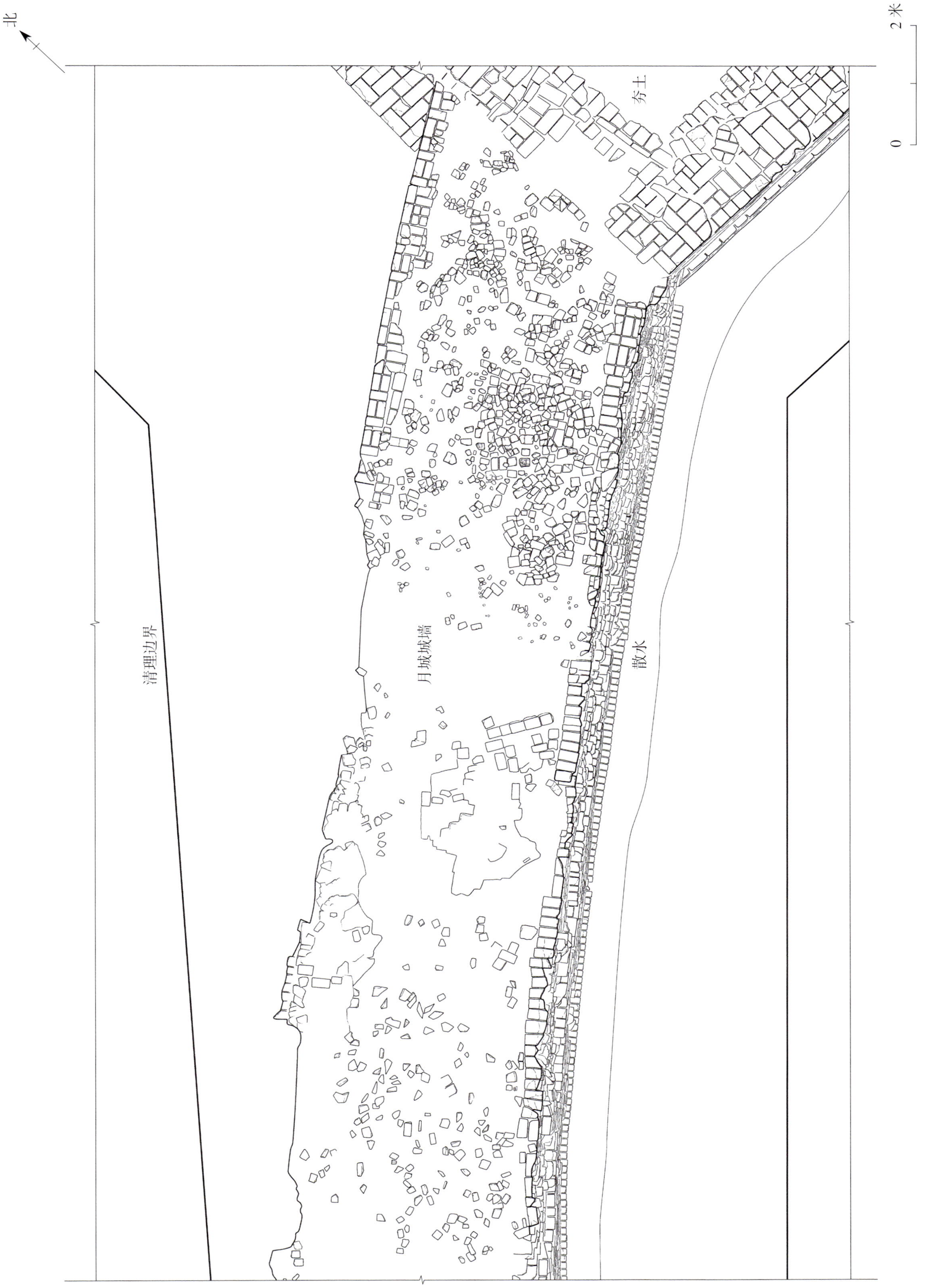

四七 南接月城城门城墙平面图（4-1-2）

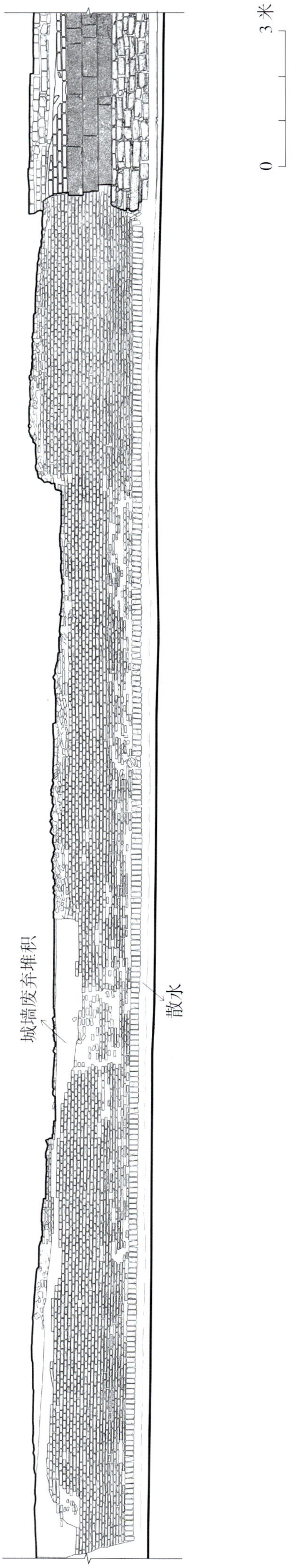

四八　南接月城城门城墙东立面图（4-2）

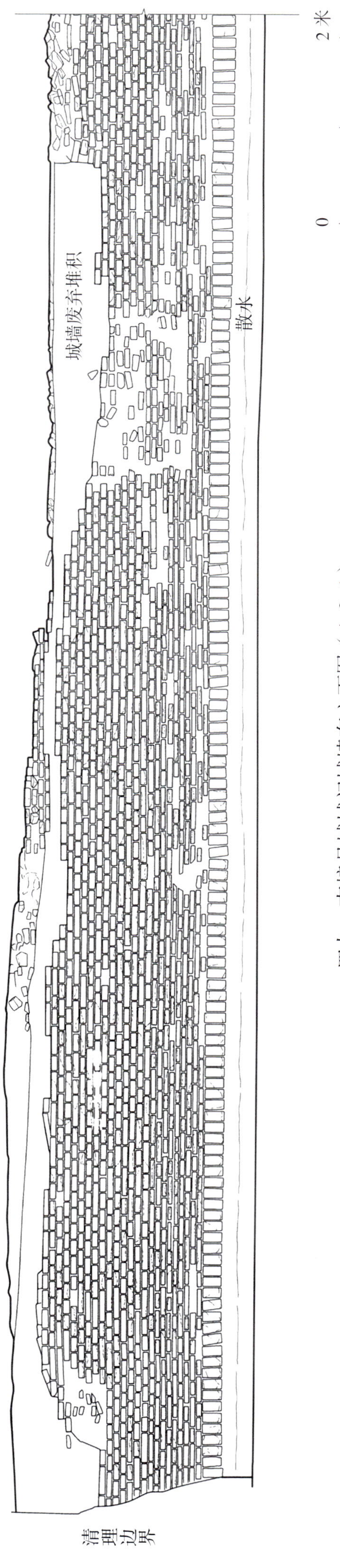

四九 南接月城城门城墙东立面图（4-2-1）

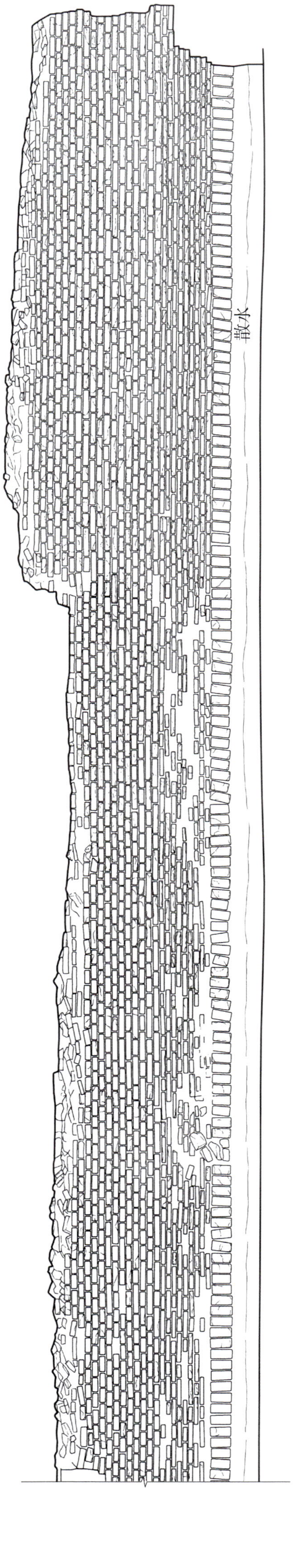

五〇 南接月城城门城墙东立面图（4-2-2）

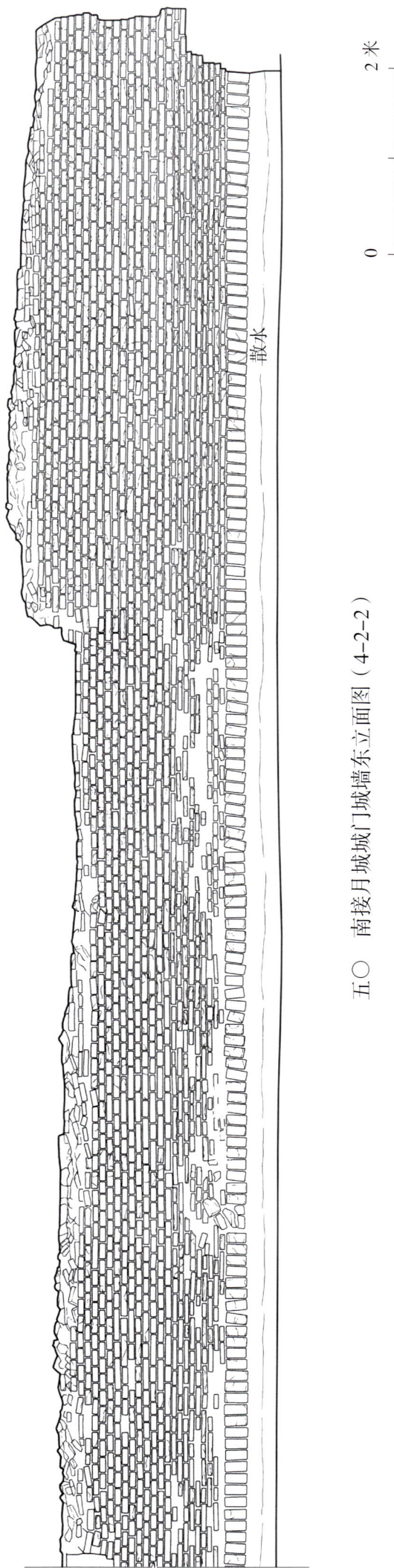

图　版

柯達遊記

正定

趙澄攝撰

・正定東城門外套城

・正定東門城樓

燕京大學哈佛燕京社考古團，藉春假作隆興寺（俗名大佛寺）考古，邀我去任攝影；於是在四月二日早七點十五分，同他們一行人，乘平石段車南下，當天午後五點多到正定，即宿車站旁清華棧。第二天一早，方移住隆興寺內客室。

由車站進城，走細沙路上，經小北門，過舍利寺，已殘

・燕京大學考古團在正定清華棧前

一 | 二

一 民国时期的正定东城门（赵澄摄撰，《柯达杂志》第四卷第十一期，1933 年）
二 正定东城门里城、瓮城、月城（1933 年赵澄摄）

三　正定城墙东城门全貌
四　正定城墙东城门（由西北向东南）
五　正定城墙东城门（由东向西）

三	四
	五

六　正定城墙南城门全貌
七　正定城墙南城门（由西北向东南）
八　正定城墙南城门（由南向北）

六	七
	八

九	一一
一〇	一二

九　正定城墙西城门（由东北向西南）

一〇　正定城墙西城门（由西北向东南）

一一　正定城墙北城门（由西南向东北）

一二　正定城墙北城门（由东南向西北）

一三　东城门（4号山）遗址周边环境影像图（由东南向西北）
一四　东城门（4号山）遗址周边环境影像图（由西向东）

一三
一四

一五　东城门（4号山）遗址考古勘察前俯视图（上为东）
一六　东城门（4号山）遗址考古勘察后俯视图（上为东）

一五 | 一六

一七 二〇
一八
一九 二一

一七　考古队与正定县文旅部门到 4 号山守备连查阅资料
一八　考古队员翻阅、搜集关于东城门相关资料
一九　考古勘察前对遗址区航拍
二〇　考古勘察前对遗址区定位、测量
二一　考古勘察结束后对遗址区航拍

二二
二三
二五
二四
二六

二二　考古勘察结束后对遗迹定位、测量
二三　遗址区内考古勘探
二四　工作人员对勘探土样研判、记录
二五　遗址区内毛石垫层
二六　工作人员对毛石垫层下部地层研判

二七	三二
二八	三三
二九	
三〇	三一

二七　清理一期主城门
二八　清理二期城台金磉墩
二九　清理 TG1（二期主城门城台破坏较严重部位）
三〇　清理 TG5（二期北接主城门马道顶部破坏较严重部位）
三一　清理二期后南接马道外包砖墙甃砖基础
三二　主城系统俯视图（上为东）
三三　主城系统正视图（由西向东）

三四

三五

三四　主城门正视图（由西向东）
三五　主城门城台俯视图（上为东）

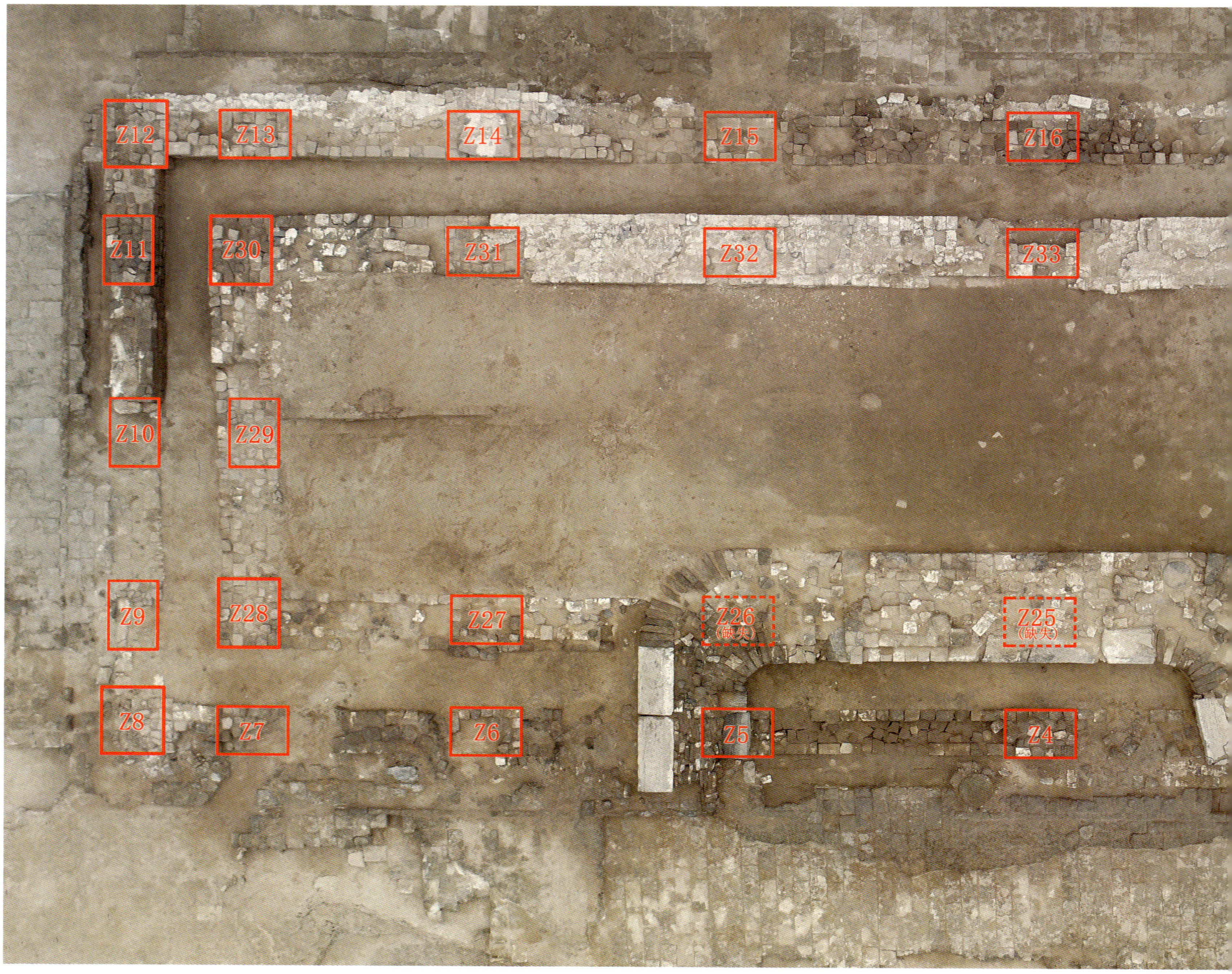
Z12
Z13
Z14
Z15
Z16
Z11
Z30
Z31
Z32
Z33
Z10
Z29
Z9
Z28
Z27
Z26（缺失）
Z25（缺失）
Z8
Z7
Z6
Z5
Z4

Z1

Z2

三六		三九
		四〇
三七	三八	四一

三六　城台磉墩位置及编号示意图
三七　四角檐磉墩（Z1）
三八　檐磉墩（Z2）
三九　檐磉墩（Z3）
四〇　檐磉墩（Z4）
四一　檐磉墩（Z5）

四二 檐磉墩（Z6）
四三 檐磉墩（Z7）
四四 四角檐磉墩（Z8）

四五
四六
四七

四五　檐磉墩（Z9）
四六　檐磉墩（Z10）
四七　檐磉墩（Z11）

Z12

Z13

Z14

四八	五一
四九	五二
五〇	

四八　四角檐磉墩（Z12）
四九　檐磉墩（Z13）
五〇　檐磉墩（Z14）
五一　檐磉墩（Z15）
五二　檐磉墩（Z16）

五三　檐磉墩（Z17）
五四　檐磉墩（Z18）
五五　檐磉墩（Z20）
五六　檐磉墩（Z21）
五七　檐磉墩（Z22）

五三	五五
五四	五六
	五七

Z 20

Z 21

Z 22

Z 23

Z 27

Z 28

五八	六一
五九	六二
六〇	

五八　四角金磉墩（Z23）
五九　金磉墩（Z27）
六〇　四角金磉墩（Z28）
六一　金磉墩（Z29）
六二　四角金磉墩（Z30）

六三

六四

六五

六三　金磉墩（Z31）

六四　金磉墩（Z32）

六五　金磉墩（Z33）

六六
六七
六八

六六　金磉墩（Z34）
六七　四角金磉墩（Z35）
六八　金磉墩（Z36）

TG4

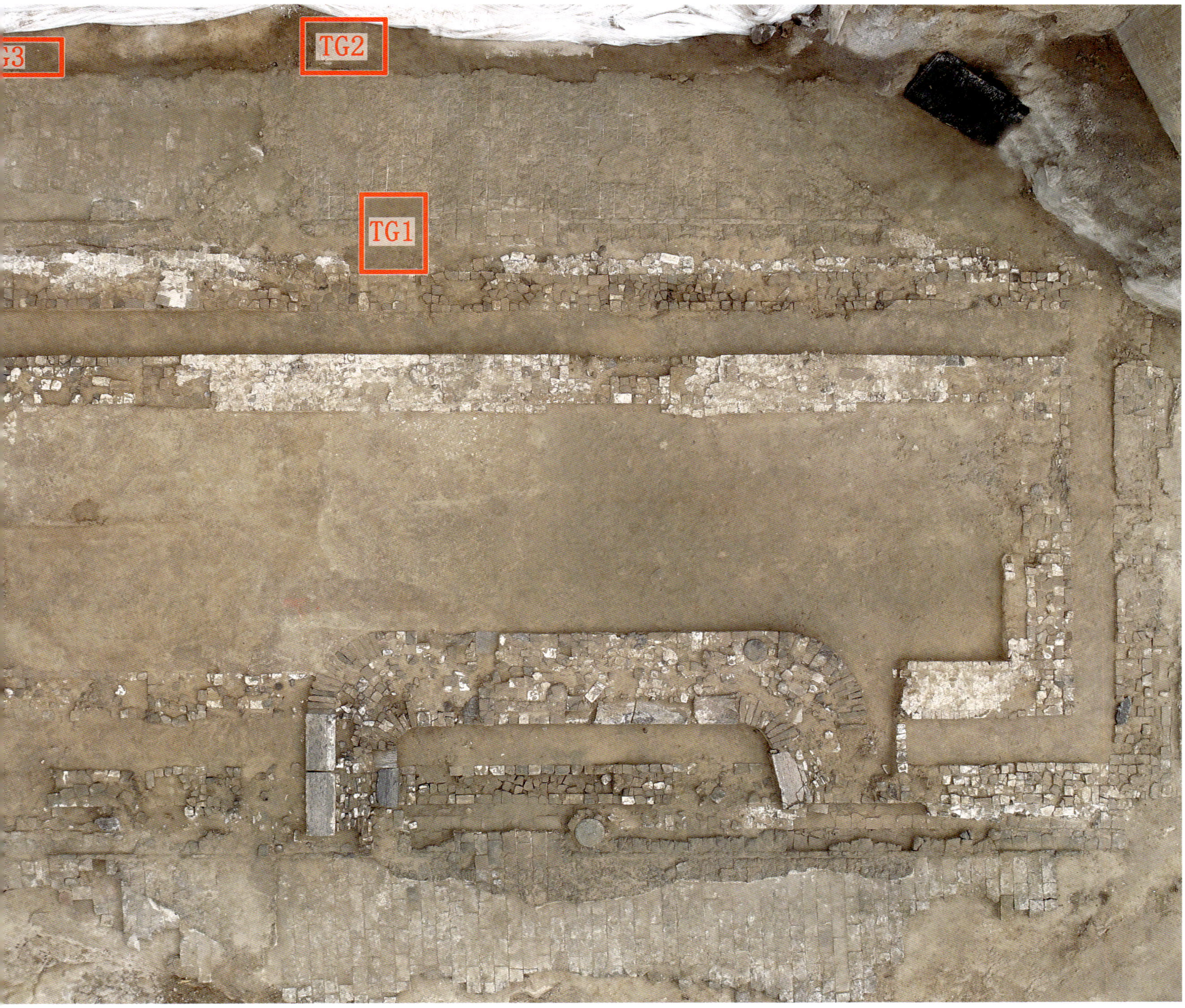

六九	七二
七〇	
七一	

六九　二期城台海墁地面（局部）
七〇　“︵”形建筑基址
七一　二期城楼散水
七二　二期城台探沟位置示意图

七三　TG1（由北向南）
七四　TG1 西壁剖面（磉墩叠压二期灰土垫层）

七三
七四

七五
七六

七五　TG2（由东向西）
七六　TG2 西壁剖面（二期城台海墁地面铺砖下防水灰土垫层）

七七　TG3（由东向西）
七八　TG3 西壁剖面（二期灰土垫层下一期城台外包墙砖）

七七
七八

七九
八〇

七九　TG4（由西向东）
八〇　TG4 东南部局部（二期灰土垫层下一期城台东北角）

八一　二期北接主城门马道顶部探沟位置示意图
八二　TG5（由南向北）
八三　TG5 东壁局部（二期灰土垫层叠压一期北马道顶部铺砖层）

八一
八二　八三

TG5

八四
八五
八六

八四　主城门拱券券脸
八五　主城门拱券券脸（局部）
八六　主城门拱券券脸（局部）

八七　拱券中的铁片

八八
八九

八八 南接主城门马道和城墙俯视图（上为东）

八九 南接主城门马道和城墙正视图（由西向东）

九〇	九三
九一	九四
九二	

九〇　南接主城门马道顶部（由南向北）
九一　一期南接主城门马道铺砖地面（由北向南）
九二　一期南接主城门马道地面拦水砖（局部）
九三　南接主城门马道“∞”形拼接遗存
九四　一期南接主城门马道地面汇水道局部(上部)

九五	
九六	九八
九七	

九五　一期南接主城门马道地面汇水道局部（中部）
九六　一期南接主城门马道地面汇水道局部（中部）
九七　二期南接主城门马道灰土垫层
九八　二期南接主城门马道平台地面铺砖

九九　南接主城门马道外包砖墙与两期主城门外包砖墙
一〇〇　南接主城门马道外包砖墙底部基础（局部）
一〇一　南接主城门城墙外包砖墙
一〇二　南接主城门城墙墙体（局部）

	一〇〇
九九	一〇一
	一〇二

一〇三	一〇五
	一〇六
一〇四	

一〇三　一期南接主城门城墙顶部铺砖
一〇四　二期南接主城门城墙顶部铺砖
一〇五　北接主城门马道和城墙俯视图（上为东）
一〇六　北接主城门马道和城墙正视图（由西向东）

一〇七　二期北接主城门马道顶部灰土垫层（由北向南）
一〇八　二期北接主城门马道顶部灰土垫层（由西向东）
一〇九　北接主城门马道外包砖墙
一一〇　北接主城门马道底部甃砖基础（局部）

一〇七　一〇九
一〇八
一一〇

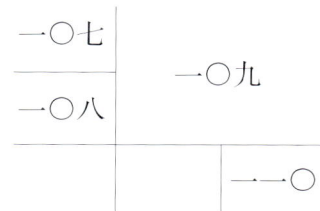

一一一	一一三
一一二	一一四

一一一　北接主城门城墙外包砖墙
一一二　北接主城门城墙墙体（局部）
一一三　二期北接主城门城墙顶部灰土垫层俯视图（上为东）
一一四　二期北接主城门城墙顶部灰土垫层（由西向东）

一一五

一一六

一一五　月城系统俯视图（上为西）
一一六　月城城台（由东南向西北）

一一七　月城城台南立面
一一八　月城城台南立面（局部）

一一七 | 一一八

一一九　月城城台门道南侧东立面
一二〇　月城城台门道南侧东立面（局部）

一一九 | 一二〇

一二一　月城城台门道北侧东立面
一二二　月城城台门道北侧东立面（局部）

一二一 | 一二二

一二三	一二五	
	一二六	
一二四	一二七	一二八

一二三　月城城台和南接月城城门城墙连接处俯视图（上为西）
一二四　月城城台和南接月城城门城墙连接处东立面
一二五　南接月城城门城墙俯视图（局部）
一二六　南接月城城门城墙（局部）
一二七　南接月城城门城墙外包砖墙和甃砖基础（局部）
一二八　南接月城城门城墙外包砖墙和甃砖基础（局部）

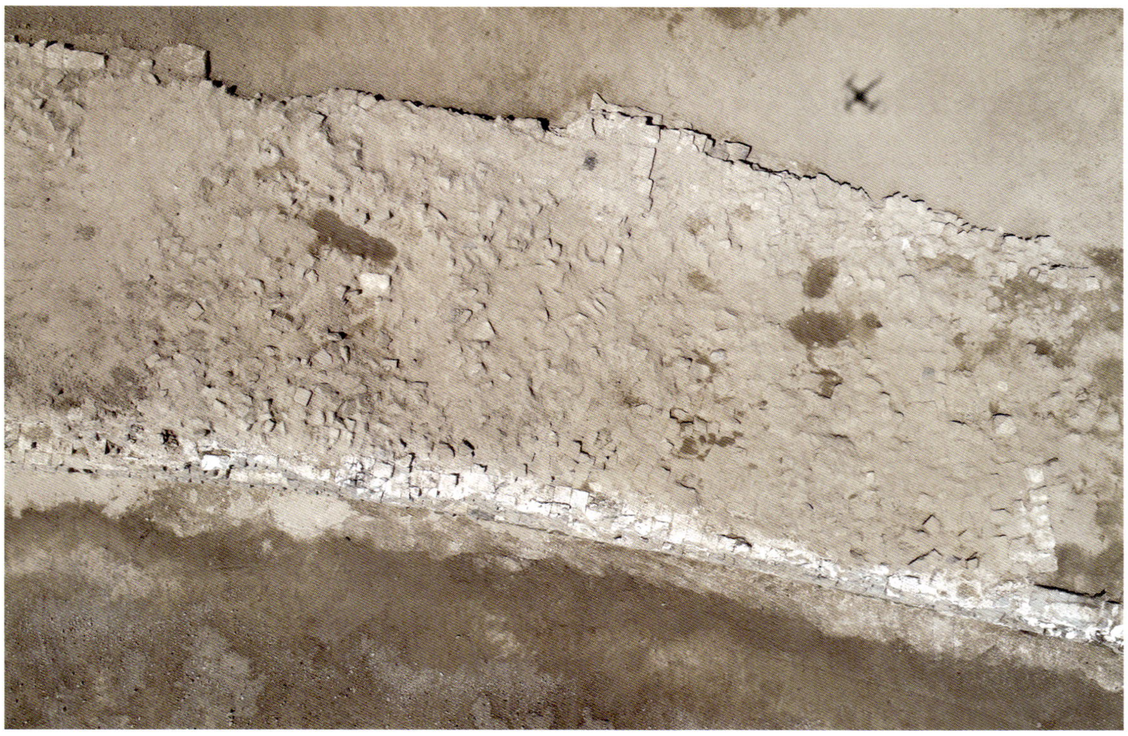

一二九　A型瓦当（Ⅰ区采集:1）
一三〇　A型瓦当（Ⅰ区采集:2）
一三一　B型瓦当（Ⅰ区采集:3）
一三二　B型瓦当（Ⅰ区采集:4）
一三三　B型瓦当（Ⅰ区采集:5）
一三四　滴水（Ⅰ区采集:6）

一二九	一三〇
一三一	一三二
一三三	一三四

一三五	一三六
一三七	一三八
一三九	一四〇

一三五　滴水（Ⅰ区采集：7）
一三六　滴水（Ⅰ区采集：8）
一三七　花砖（Ⅰ区采集：9）
一三八　脊兽（Ⅰ区采集：10）
一三九　脊兽（Ⅰ区采集：11）
一四〇　钉帽（Ⅰ区采集：12）

一四一　柱顶石（Ⅰ区采集：13）
一四二　2019年6月13日，领导视察东城门（4号山）遗址考古勘察工作
一四三　2019年8月19日，专家检查东城门（4号山）遗址考古勘察工作

一四一	一四二
	一四三

城墙

后 记

2013年8月，习近平总书记在一份关于河北正定古城保护情况的报告上作出重要批示："充分肯定近年来正定古城保护工作。要继续做好这项工作，秉持正确的古城保护理念，即切实保护好其历史文化价值。" 正定城墙东城门（4号山）遗址是正定历史文化名城的重要组成部分，此次勘察工作对丰富正定古城的文化内涵、深入发掘正定古城的历史沿革有重要意义，也是认真落实习近平总书记关于肯定正定古城保护工作批示的具体实践。

2019年5月16日，河北省文物考古研究院组建考古队，开始对正定城墙东城门（4号山）遗址进行考古勘察工作。考古队制定了严谨的勘察方案，按照"以遗址保护为重心，严格控制清理面积，邀请专家把关论证"的工作思路，历时164天，于2019年10月26日顺利完成了勘察任务。此次勘察工作，始终坚持最大限度保护遗存，坚持最小干预原则，贯彻"见面即停"的理念，尽可能利用遗址破坏最严重的关键部位以揭露建筑基址结构布局及分期情况。彻底厘清了东城门系统的结构布局，基本掌握了主城系统、月城系统、瓮城系统的位置，明确了主城系统和月城系统结构及保存状况，为研究东城门提供了基础性资料。东城门是正定城墙四个城门中唯一保存较完整的建筑基址，保留了其原真性，为研究正定古城其余三座城门系统的形制、结构、材料及工艺提供了重要的考古材料，也为揭示东城门系统始筑和后期扩筑的关系、为研究正定府城墙乃至中国明清城墙不同时期的变迁过程、位置和修建方式等补充了资料，也是研究正定城市与社会历史面貌不可多得的实物资料。为尽可能保护遗址本体，同时又囿于考古勘察的局限性，所获得的认识尚不充分，报告中错误和疏漏在所难免，望读者批评指正。

正定城墙东城门（4号山）遗址考古勘察工作一直得到各级领导、专家的高度重视。河北省文物局局长张立方同志和总工程师刘智敏同志，石家庄市委常委、正定县委书记张业同志和正定县委、县政府领导，河北省文物考古研究院院长张文瑞同志等经常冒着酷暑来遗址进行考察，认真听取考古队工作汇报，并提出宝贵意见。

为更好地推进遗址保护工作，时任正定县委常委、常务副县长张国义同志，时任正定县委常委、县委办主任蔡云龙同志，时任正定县副县长赵军会同志，时任正定县文旅局局长左霄梦同志和副局长朱志辉同志，正定县住建局局长王昌骅同志和副局长赵卫京同志，河北省古代建筑保护研究所高级工程师郭建永同志，河北省文物考古研究院副研究馆员陈伟同志和王凤柱同志组成了讨论小组，经常加班加点讨论工作，并适时召开现场调度会。为节约时间，他们经常在附近小饭店随意吃点食物，然后继续到遗址现场讨论工作，以保护遗址为出发点，结合专家意见，随时调整勘察方案。正定古城雨季汛期时，考古队时刻关注遗址安全问题，提前安排工作人员做好防汛安全准备工作，保证遗址不受强降雨的破坏影响。每逢下雨，不管是在白天还是晚上，正定县委、县政府、文旅部门、住建部门等单位的领导，总是打电话询问工地的安全情况，大多数时候，他们放下手中的工作，甚至晚上也顾不得休息，踏着泥泞的道路来现场检查工地安全，和考古队员坚守在勘察工作一线。

在此，向付出辛劳的同志们表示由衷的感谢！

东城门（4号山）遗址考古勘察工作由陈伟主持，先后参加考古工作的有佘俊英、马小飞、房树辉、王凤柱、高利军、翟鹏飞、张云清、赵星、段志永、王海山、李永浩、仝川、邱晓亮、刘其放。

考古绘图：林雪川、张云清，摄影：张云清、段志永，无人机航测：马小飞、赵星、段志永。

报告主编：陈伟、佘俊英、张云清。赵星、岳改荣、房树辉参与了部分文字的编写工作。本书涉及古建筑土作和石作的传统营造方法和法式以及建筑部位名称等古建专业问题，孙荣芬、孟琦、郭建永给予了业务上的指导。正定县文物保管所提供了有关正定城墙的部分文物档案资料。

报告编写过程中，河北省文物局、河北省文物考古研究院、河北省古代建筑保护研究所的领导、专家提出了指导意见，吉林省文保科技有限公司提供了技术支持，在此一并表示感谢！同时也感谢文物出版社责任编辑窦旭耀同志的辛勤劳动！

编　者

2020年6月27日

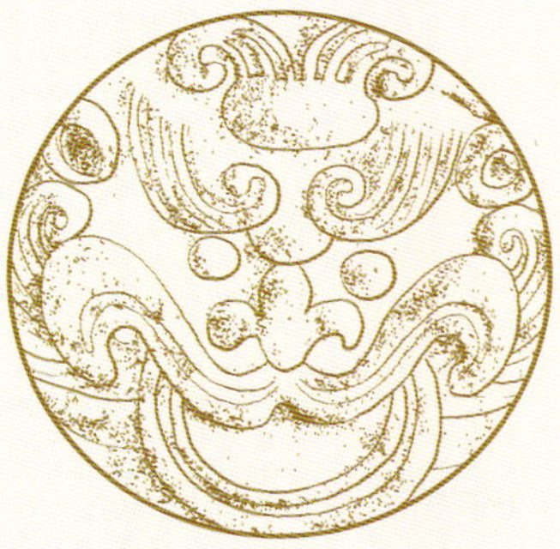